C. W. LEADBEATER

DIE CHAKRAS

DAS SCHEITEL-CHAKRA

C. W. LEADBEATER

DIE CHAKRAS

Eine Monographie über die Kraftzentren im menschlichen Ätherkörper

VERLAG HERMANN BAUER
FREIBURG IM BREISGAU

CIP-Kurztitelaufnahme der Deutschen Bibliothek:

Leadbeater, Charles W.:
Die Chakras : e. Monographie über d. Kraftzentren im menschl. Ätherkörper / C. W. Leadbeater. [Autoris. Übers. aus d. Engl. von Hans Walther Schiff]. – 5. Aufl. – Freiburg im Breisgau : Bauer, 1984.
Einheitssacht.: The chakras ⟨dt.⟩
ISBN 3-7626-0066-X

Autorisierte Übersetzung aus dem Englischen
von Hans Walther Schiff.

5. Auflage 1984
ISBN 3-7626-0066-X

Gesamtherstellung:
Landsberger Verlagsanstalt Martin Neumeyer, Landsberg am Lech.
Printed in Germany.

VORWORT

Wenn ein Mensch damit beginnt, seine Sinne weiter zu entwickeln, sodaß er mehr wahrzunehmen vermag als die Allgemeinheit, dann eröffnet sich ihm eine ganz neue, überaus faszinierende Welt, in der wohl als erstes die Chakras seine Aufmerksamkeit auf sich ziehen. Seine Mitmenschen bieten ihm einen ganz neuen Anblick; vieles, das seinen Augen vorher verborgen geblieben war, vermag er nun an ihnen wahrzunehmen und so ist er in einem viel höheren Grade imstande, sie zu begreifen, sie anzuerkennen und ihnen — wenn nötig — zu helfen, als ihm dies vorher möglich gewesen wäre. Ihre Gedanken und Gefühle stehen ihm in Form und Farbe deutlich vor Augen; ihre Entwicklungsstufe, ihr Gesundheitszustand, auf die er bisher nur mittelbar schließen konnte, sind für ihn zu offensichtlichen, objektiv wahrnehmbaren Tatsachen geworden. Die in leuchtenden Farben erstrahlende Erscheinung der Chakras und ihre rasche unausgesetzte Bewegung lenken sofort seine Aufmerksamkeit auf sich und selbstverständlich will er wissen, was sie sind und was sie bedeuten. Das vorliegende Werk bezweckt nun, ihm eine Antwort auf diese Fragen zu geben und denjenigen, die es noch nicht versucht haben, die in ihnen schlummernden Fähigkeiten zu erwecken, wenigstens eine Vorstellung von diesem einen kleinen Abschnitt jenes weiten Tatsachenbereiches zu vermitteln, welcher der Schau ihrer begünstigteren Brüder offen steht.

Eines muß jedoch von allem Anfang an ganz klar erfaßt werden, um sonst unvermeidlichen falschen Vorstellungen zu begegnen: das Vermögen, mehr wahrnehmen zu können als andere Menschen, hat durchaus nichts Phantastisches oder Unnatürliches an sich, sondern besteht einfach in einer Ausdehnung von Fähigkeiten, die uns allen schon vertraut sind. Es erwerben, bedeutet, sich für Schwingungen empfänglich zu machen, die rascher sind als diejenigen, auf die zu reagieren unsere physischen Sinne normalerweise geschult sind. Jedermann wird im Laufe der Menschheitsentwicklung diese Fähigkeiten erwerben. Einige von uns aber haben sich der besonderen Mühe unterzogen, sie schon jetzt, früher als die anderen, zu erlangen, was eine harte, viele Jahre währende Arbeit bedeutet, die nur ganz wenige auf sich zu nehmen gewillt wären.

Ich weiß, daß noch sehr viele Menschen in der Welt so weit hinter ihrer Zeit zurückstehen, daß sie die Existenz derartiger Kräfte leugnen. Gibt es doch auch immer noch Bauern, die noch nie einen Eisenbahnzug gesehen haben, oder innerafrikanische Wilde, die nicht glauben können, daß Wasser zu Eis gefriert! Es fehlt mir an Zeit und Raum, um mich hier mit einer solchen unbesiegbaren Unwissenheit auseinanderzusetzen, und ich kann nur auf mein Werk „Hellsehen" und auf ganze Stöße von Werken anderer Autoren hinweisen, die denselben Gegenstand behandeln. Die ganze Angelegenheit ist hunderte Male bewiesen worden und niemand kann mehr an diesen Dingen zweifeln, der die gewichtige Bedeutung der Beweise zu würdigen vermag.

Es besteht bereits eine ausgedehnte Literatur über die Chakras, allerdings fast ausschließlich in Sanskrit oder verschiedenen indischen Dialekten. Erst in den letzten Jahren ist auch in englischer Sprache einiges über sie erschienen. Ich selbst erwähnte sie in meinem Werke „Das innere Leben" *) um das Jahr 1910. Seitdem ist Sir John Woodroffe's wundervolles Werk „The Serpent Power" sowie englische Uebersetzungen einiger anderer indischer Werke erschienen. Die symbolischen Darstellungen, die sie enthalten und die von den indischen Yogis benützt werden, sind in dem Werke „The Serpent Power" wiedergegeben. Soweit mir aber bekannt ist, stellen die Abbildungen, die ich in diesem Werke bringe, den ersten Versuch dar, sie genau so wiederzugeben, wie sie denen, die sie wahrnehmen können, tatsächlich erscheinen. Der wichtigste Beweggrund, der mich veranlaßte, dieses Werk zu verfassen, war denn auch, diese Reihe schöner Zeichnungen meines Freundes Rev. Edward WARNER der Oeffentlichkeit zugänglich zu machen, und es ist mir ein Bedürfnis, ihm an dieser Stelle meine tiefe Dankesschuld zu bezeugen für all die Zeit und Mühe, die er auf diese Zeichnungen verwendet hat. Ebenso danke ich auch meinem unermüdlichen Mitarbeiter, Professor Ernest WOOD für die Sammlung und Zusammenstellung der wertvollen Informationen über die indische Auffassung von unserem Thema, die im V. Kapitel enthalten sind.

Durch anderweitige Arbeit in Anspruch genommen, hatte ich ursprünglich bloß die Absicht, die verschiedenen Aufsätze, die ich schon vor längerer Zeit über diesen Gegenstand geschrieben hatte, zu sammeln und als Begleittext zu den Abbildungen neu herauszugeben. Als ich sie aber durchsah, stiegen verschiedene neue Fragen in mir auf und eine kleine Untersuchung in dieser Richtung ergab weitere Tatsachen, die ich getreulich hinzufügte. Ich möchte übrigens hiebei erwähnen, daß sowohl das Vitalitätskügelchen **) als auch der Kundalinî-Ring **) schon im Jahre 1895 von Frau Dr. Besant beobachtet und als Hypermetaproto-Elemente bestimmt wurden, wenn wir auch unsere Untersuchungen damals nicht weit genug ausdehnten, um die Beziehungen dieser beiden Erscheinungen zu einander und die wichtige Rolle zu entdecken, die sie im Haushalte des menschlichen Lebens spielen.

C. W. L.

---

*) C. W. Leadbeater, „Das innere Leben", 2 Bde., Leipzig.

**) Siehe S. 26 u. 30 des vorliegenden Werkes. (Übers.)

INHALTS-VERZEICHNIS

VERZEICHNIS DER ABBILDUNGEN

TAFELN

ABBILDUNGEN IM TEXT

TABELLEN

ERSTES KAPITEL

DIE KRAFT-ZENTREN

ERSTES KAPITEL

DIE KRAFT-ZENTREN

DIE BEDEUTUNG DES WORTES.

Chakra ist ein Sanskritwort und bedeutet ein Rad. Es wird genau so wie das entsprechende Wort im Englischen und Deutschen in verschiedener abgeleiteter, symbolischer und Nebenbedeutung gebraucht. So wie wir den Ausdruck „Schicksalsrad" gebrauchen, so spricht der Buddhist vom „Rade des Lebens und des Todes" und er benennt jene erste große Rede, in der Buddha, der Herr, seine Lehre entwickelte, das „Dhammachakkappavattana Sutta" („Chakka" entspricht im Pali dem Sanskritwort „Chakra"), das Prof. Rhys Davids in poetischer Weise übersetzt: „Das königliche Wagenrad eines allgemeinen Reiches der Rechtschaffenheit und Wahrheit in's Rollen bringen." Dies entspricht genau dem inneren Sinne dessen, was dieser Ausdruck dem frommen Buddhisten vermittelt, obwohl die buchstäbliche Übersetzung der bloßen Worte „Das Drehen des Rades des Gesetzes" lautet. In dem besonderen Falle, mit dem wir es gegenwärtig zu tun haben, benennen wir mit dem Worte Chakra eine Reihe von radförmigen Wirbeln, die sich an der Oberfläche des Ätherkörpers des Menschen vorfinden.

EINLEITENDE ERKLÄRUNGEN.

Da dieses Buch wahrscheinlich auch in die Hände von Menschen geraten wird, die mit der theosophischen Terminologie nicht vertraut sind, mag es gut sein, einige erläuternde Worte an dieser Stelle vorauszuschicken. Im gewöhnlichen oberflächlichen Gespräch macht jemand manchmal Erwähnung von seiner Seele, mit der stillschweigenden Voraussetzung, daß der Körper, durch den er spricht, der wahre Mensch ist, und daß dieses „Seele" genannte Ding ein Besitz oder ein Anhängsel dieses Körpers darstellt, — eine Art über ihm schwebender Fesselballon, der in irgendeiner unbestimmten Weise an ihn gebunden ist. Dies ist aber eine ganz nachlässige, ungenaue und irreführende Behauptung; das gerade Gegenteil davon ist wahr. Der Mensch i s t eine Seele und hat einen Körper — in Wirklichkeit mehrere Körper; denn außer dem sichtbaren Körper, durch den er seine Arbeit in dieser niederen Welt verrichtet, besitzt er noch andere, die für das gewöhnliche Auge nicht wahrnehmbar sind und durch deren Vermittlung er in den Welten der Gefühle und Gedanken tätig ist. Mit diesen haben wir aber vorläufig nichts zu tun.

Im Verlaufe des vorigen Jahrhunderts wurden ungeheure Fortschritte in der Erkenntnis der kleinsten Einzelheiten des physischen Körpers gemacht. Die Forscher auf dem Gebiete der Heilkunde sind jetzt auch schon mit seiner erstaunlichen Mannigfaltigkeit vertraut und besitzen zumindest eine allgemeine Vorstellung von der Art und Weise, in der sein erstaunlich komplizierter Mechanismus arbeitet.

DER ÄTHERKÖRPER.

Naturgemäß mußten sie jedoch ihre Aufmerksamkeit auf jenen Teil des Körpers beschränken, der dicht genug ist, um für das Auge sichtbar zu sein, und die meisten von ihnen sind sich wohl dessen gar nicht bewußt, daß es jenen zwar unsichtbaren, aber trotzdem noch physischen Zustand der Materie gibt, der in der Theosophie ätherisch genannt wird. (Diese Bezeichnung darf uns aber nicht dazu verleiten, diese feinere physische Materie mit dem Äther des Raumes zu verwechseln, dessen Negation erst die Materie ist.) Dieser unsichtbare Teil des physischen Körpers ist für uns von größter Wichtigkeit, denn er ist es, durch den die Ströme der Vitalität fließen, die den Körper am Leben erhalten. Ohne ihn, der die Gedanken- und Gefühlsschwingungen vom astralen zum sichtbaren, dicht-physischen Körper leitet, könnte das Ego von den Zellen seines Gehirnes keinen Gebrauch machen. Er wird von Hellsehern ganz deutlich als eine schwach-leuchtende, violettgraue Nebelmasse wahrgenommen, die den dichteren Teil des Körpers durchdringt und sich noch ein wenig über ihn hinaus erstreckt.

Das Leben des physischen Körpers ist einem ununterbrochenen Wechsel unterworfen; um zu leben, muß er so fortwährend aus drei gesonderten Quellen versorgt werden. Er benötigt Nahrung für seine Verdauung, Luft für die Atmung und Vitalität in drei Formen, die er absorbiert. Diese Vitalität ist ihrem Wesen nach eine Kraft; in Stoff gehüllt erscheint sie uns aber gleichsam wie ein höchst verdünntes chemisches Element [1]). Sie existiert auf allen Ebenen, gegenwärtig haben wir uns jedoch nur mit ihrer Offenbarung in der physischen Welt zu beschäftigen.

Um all dies zu verstehen, müssen wir etwas von dem Aufbau und der Beschaffenheit des ätherischen Teiles unseres Körpers wissen. Ich habe dieses Thema schon vor Jahren in verschiedenen Werken behandelt und Colonel A. E. Powell hat kürzlich alle über diesen Gegenstand schon erschienenen Berichte in einem Büchlein „The Etheric Double" zusammengefaßt und in handlicher Form herausgegeben.

DIE ZENTREN.

Die Chakras oder Kraftzentren sind die Verbindungspunkte, durch die Energie von einem „Vehikel" oder Körper des Menschen zum anderen fließt. Jeder, der auch nur in geringem Grade hellsehend ist, vermag sie unschwer im Ätherkörper wahrzunehmen, auf dessen Oberfläche sie als napfförmige Vertiefungen oder Wirbel erscheinen. Solange sie noch ganz unentwickelt sind, gleichen sie kleinen Kreisen von etwa zwei Zoll Durchmesser, die beim Durchschnittsmenschen dumpf erglühen; erweckt und belebt, sind sie jedoch strahlende, funkelnde Strudel, die an Größe sehr zugenommen haben und winzigen Sonnen gleichen. Man spricht manchmal von ihnen, als ob sie so ungefähr bestimmten physischen Organen entsprächen. In Wirklichkeit aber befinden sie sich auf der Oberfläche des Ätherkörpers, der sich ein wenig über den Umfang des physischen Körpers ausdehnt.

[1]) d. h. ein in einen höheren, ätherischen Aggregatzustand gebrachtes Element. (Siehe A. Besant u. C. W. Leadbeater „Die okkulte Chemie".) (D. Übers.)

Der Kelch einer Blüte der Convulvulus-Gattung, in den wir von oben hineinsehen, gibt eine ungefähre Vorstellung von dem allgemeinen Aussehen eines Chakra. Der „Blumenstengel" entspringt einem Punkte des Rückgrates, sodaß wir uns auch das Rückgrat als einen zentralen Stamm vorstellen können, aus dem in bestimmten Abständen Blüten entspringen, deren Kelche sich auf der Oberfläche des Ätherkörpers öffnen. (Siehe Tafel VIII).

Die sieben Zentren, mit denen wir uns hier beschäftigen, sind in Abb. 1 angedeutet. Tabelle I gibt ihre deutschen und Sanskrit-Benennungen.

Dies stellt den Menschen, von den Chakras umgeben, dar:

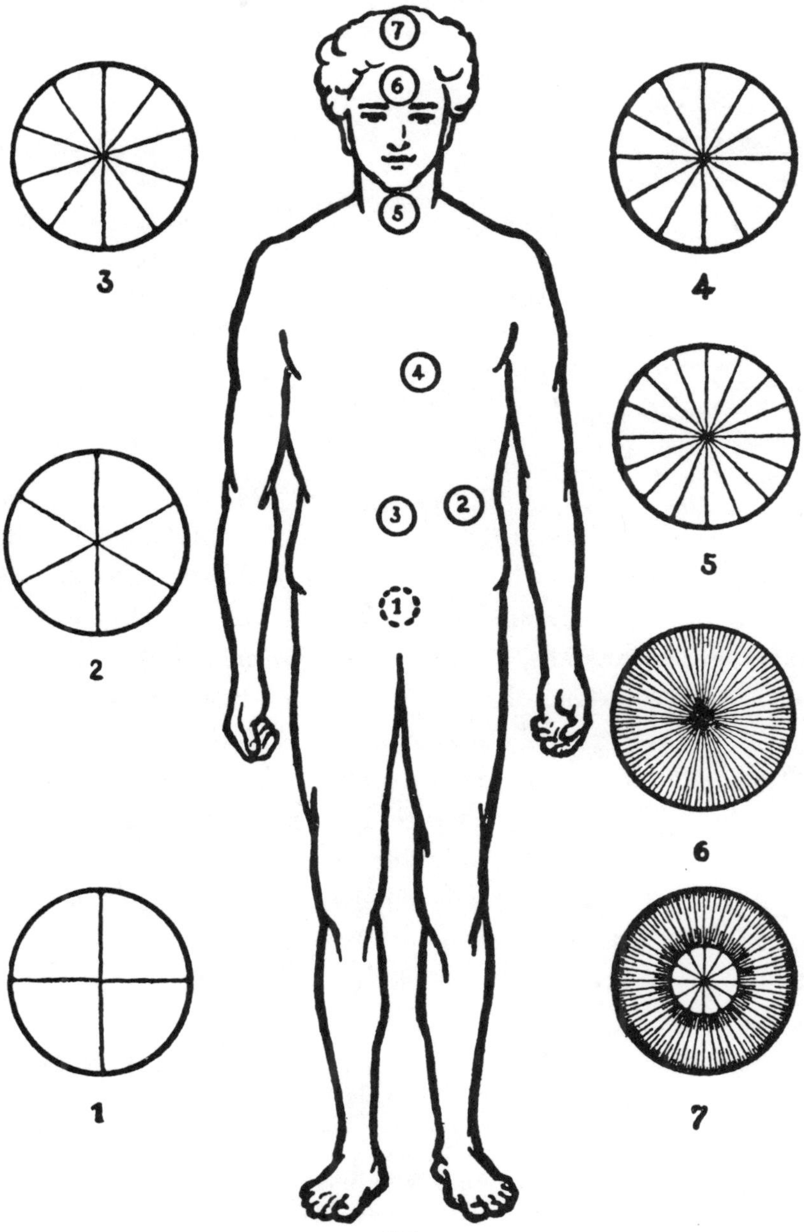

Abb. 1

DEUTSCHE BEZEICHNUNG	SANSKRIT-BEZEICHNUNG	LAGE
Wurzel- oder Grund-Chakra	Mûlâdhâra	An der Basis des Rückgrates
Milz-Chakra	[2]	Ueber der Milz
Nabel-Chakra	Manipûra	Am Nabel, über dem Sonnengeflecht
Herz-Chakra	Anâhata	Ueber dem Herzen
Hals- oder Kehlkopf-Chakra	Vishuddha	An der Vorderseite des Halses
Stirn-(Frontal-)Chakra	Ajnâ	Im Raum zwischen den Augenbrauen
Scheitel-(Corontal-)Chakra	Sahasrâra	Am Scheitel des Kopfes

Tabelle I.

Alle diese Räder drehen sich unausgesetzt und in die Nabe oder den offenen Mund eines jeden strömt unaufhörlich eine Kraft aus höheren Welten ein — eine Manifestation des Lebensstromes, der vom zweiten Aspekt des Sonnenlogos ausgeht, — die wir die „Primärkraft" nennen. Diese Kraft ist siebenfältige Natur und alle ihre sieben Formen wirken in jedem einzelnen Chakra, wenn auch in jedem stets eine von ihnen den anderen gegenüber vorherrscht. Ohne diesen Krafteinstrom könnte der physische Körper nicht bestehen; darum sind auch diese Zentren bei allen Menschen in Tätigkeit, obgleich sie sich in einem unentwickelten Individuum natürlich nur verhältnismäßig schwerfällig bewegen und gerade nur den für die Kraft notwendigen Wirbel erzeugen, aber auch nicht mehr. In einem entwickelten Menschen aber erstrahlen und pulsieren sie in lebendig erglühendem Lichte, sodaß eine ungeheuer größere Energiemenge sie durchflutet, was wieder zur Folge hat, daß sich diesem Menschen weitere Fähigkeiten und Möglichkeiten eröffnen.

---

[2]) Das Milz-Chakra wird in indischen Werken nicht angegeben. Seine Stelle wird von einem Zentrum eingenommen, das SWADISCHTHANA genannt wird und sich in der Nähe der Zeugungsorgane befindet; es werden ihm ebenfalls sechs „Blumenblätter" zugeschrieben. Von unserem Standpunkte aus müßte die Erweckung eines solchen Zentrums als ein großes Unglück bezeichnet werden, da schwere Gefahren damit verbunden sind. In dem in Aegypten bestandenen System für die Vervollkommnung des Menschen gab es sorgfältig ausgearbeitete Vorsichtsmaßregeln, um ein derartiges Erwecken zu verhüten. (Siehe mein Werk „Das verborgene Leben in der Freimaurerei" Ernst Pieper Ring-Verlag, Düsseldorf / S. 125.) (Verf.)

DAS WURZEL-CHAKRA

DIE FORM DER WIRBEL.

Diese göttliche Energie, die in jedes Chakra von außen einströmt, sendet rechtwinklig zu sich (d. h. also in der Oberfläche des Ätherkörpers) sekundäre Kräfte in wellenförmig kreisender Bewegung aus, geradeso wie ein Magnetstab, den man in eine Induktionsrolle steckt, einen elektrischen Strom erzeugt, der rechtwinklig zur Achse oder Richtung des Magnetstabes die Spule umfließt. Die in dem Wirbel eingetretene primäre Kraft strahlt selbst auch wieder rechtwinklig von seiner Achse, jedoch in geraden Linien aus, wie wenn das Zentrum des Wirbels die Nabe eines Rades und die Ausstrahlungen der primären Kraft seine Speichen wären. Durch diese Speichen scheint die Kraft den astralen mit dem Ätherkörper wie mit Klammern zu verbinden. Die Anzahl dieser Speichen variiert in den verschiedenen Kraftzentren und bestimmt die Zahl der Wellen oder „Blumenblätter", die jedes von ihnen aufweist. Deshalb werden in orientalischen Werken diese Zentren oft in poetischer Weise mit Lotosblumen verglichen.

Jede der sekundären Kräfte, welche die napfförmige Vertiefung umschwingen, hat so wie das Licht von bestimmter Farbe die ihr eigene Wellenlänge. Statt sich aber wie das Licht in gerader Linie fortzupflanzen, bewegt sie sich entlang verhältnismäßig großer Wellen fort, deren Länge in jedem Falle eine verschiedene ist und stets ein bestimmtes Vielfaches der Länge der Schwingungswelle bildet. Die Anzahl der Wellen, entlang welcher sich die Kraft fortpflanzt, wird durch die Zahl der „Speichen" des Rades bestimmt, wobei sich die sekundäre Kraft abwechselnd unter und über die radialen Ausstrahlungen der primären Kraft schlingt, wie wenn die Speichen eines Wagenrades mit einem Korbgeflecht durchwoben werden. Die Schwingungswellen selbst sind unendlich klein und wahrscheinlich sind ihrer tausende in einer Wellenlinie enthalten. Diese Oszillationen verschiedenster Größe, die einander in der einem Korbgeflecht ähnelnden Weise durchkreuzen, bilden, wenn die Kräfte den Wirbel umschwingen, die blumengleiche Form, auf die ich schon hingewiesen habe. Diese gleicht vielleicht noch mehr gewissen Schüsseln oder flachen Schalen aus wellenartig irisierendem Glase, wie sie in Venedig erzeugt werden. Alle diese Wellenschwingungen oder Blumenblätter bringen diese schimmernde, schillernde, perlmutterartige Wirkung hervor, doch weist jede von ihnen ihre eigene vorherrschende Färbung auf, wie aus unseren Abbildungen ersichtlich ist. Dieser perlmutterne, silberne Glanz wird in den Sanskritwerken mit dem Schimmer des Mondes auf einer Wasserfläche verglichen.

DIE ABBILDUNGEN.

Unsere Abbildungen stellen die Chakras dar, wie sie hellseherisch in einem ziemlich entwickelten und intelligenten Menschen wahrgenommen wurden, der sie schon bis zu einem gewissen Grade zur Tätigkeit in sich gebracht hat. Natürlich sind unsere Farben nicht leuchtend genug — keine irdische Farbe reicht hiezu hin —, aber die Zeichnungen vermitteln uns wenigstens eine gewisse Vorstellung von dem tatsächlichen Aussehen dieser Lichträder. Aus dem bereits Gesagten ergibt sich, daß diese Zentren, was Größe und Glanz anlangt, bei verschiedenen Individuen von einander abweichen und daß selbst in ein und demselben Menschen einige von ihnen weiter entwickelt sein können als die übrigen. Sie sind in natürlicher Größe abgebildet, bis auf das Sahasrâra- oder Scheitel-Chakra, das vergrößert wurde, um den erstaunlichen Reichtum seiner Einzelheiten anschaulich zu machen. Wenn ein Mensch die besonderen Eigenschaften, die durch ein bestimmtes Chakra zum Ausdruck kommen, in ganz besonders hervorragendem Maße besitzt, dann nimmt dieses Zentrum nicht nur stark an Ausdehnung zu, sondern erstrahlt auch in viel intensiverem Lichte und sendet blitzende goldene Strahlen aus. Ein Beispiel hiefür zeigt die von Frau Blavatsky stammende Präzipitation der Aura des Mr. Stainton Moseyn, die im Schrein-Raum des Theosophischen Hauptquartiers in Adyar hängt. Sie wurde in Col. Olcott's „Old Diary Leaves", Bd. I. S. 364 sehr unvollkommen wiedergegeben.

Die Chakras gliedern sich ihrer Natur nach in drei Gruppen: die niedere, die mittlere und die höhere, die man auch die physiologische, die personale und die spirituelle nennen kann.

Das erste und zweite Chakra, die nur wenige Speichen und Blätter aufweisen, sind hauptsächlich dazu bestimmt, die beiden Kräfte in den Körper zu leiten, die auf der physisischen Ebene in ihn einströmen, d. i. das Schlangenfeuer, das von der Erde, und die Vitalitätskraft, die von der Sonne kommt. Die Zentren der mittleren Gruppe, Nr. 3, 4 und 5 sind mit jenen Kräften verbunden, die den Menschen durch seine Persönlichkeit erreichen, u. zw. durch das niedere Astrale bei Chakra 3, durch das höhere Astrale bei Chakra 4 und durch das Nieder-Mentale bei Chakra 5. Alle diese Zentren scheinen gewisse Ganglien im Körper zu speisen. Die Zentren Nr. 6 und 7 bilden eine eigene Gruppe; sie stehen mit dem Schleimkörper bezw. der Zirbeldrüse in Verbindung und treten erst in Funktion, wenn eine bestimmte Stufe der geistigen Entwicklung erreicht ist.

Ich habe auch von der Ansicht gehört, daß jedes einzelne „Blumenblatt" dieser Kraftzentren eine moralische Eigenschaft darstellen soll und daß die Entwicklung dieser Eigenschaft das Zentrum in Tätigkeit versetzt. In der „Dhyanabindu Upanishad" zum Beispiel werden die Blätter des Herz-Chakra mit Hingebung, Trägheit, Zorn, Barmherzigkeit und anderen derartigen Eigenschaften verbunden. Ich habe bis jetzt noch keine Tatsachen gefunden, die diese Annahme endgiltig bestätigen, und es ist auch nicht leicht, ihr zuzustimmen, weil diese Erscheinungen ja durch ganz bestimmte Kräfte bewirkt werden, die leicht erkennbar sind, und die einzelnen Blätter in irgend einem der Chakra eben in dem Verhältnis tätig oder untätig sind, wie diese Kräfte erweckt oder nicht erweckt wurden; ihre Entfaltung scheint mir zu dem moralischen Wachstum in nicht engerer Beziehung zu stehen als etwa die Entwicklung des Bizeps. Ich bin bestimmt Personen begegnet, bei denen sich einige der Chakras in voller Tätigkeit befanden, obwohl sie in moralischer Hinsicht keineswegs außergewöhnlich fortgeschritten waren, während andererseits die Chakras hochgeistiger, von edelster Sittlichkeit erfüllter Menschen fast gar nicht belebt erschienen. Es scheint also keine notwendige Verbindung zwischen diesen beiden Entwicklungen zu bestehen.

Es gibt aber immerhin einige der Beobachtung zugängliche Tatsachen, die vielleicht den Grund für diese merkwürdige Vorstellung bilden. Die blumenblätterartige Erscheinung dieser Gebilde wird zwar durch dieselben Kräfte bewirkt, die — abwechselnd unter und über den Speichen —

DAS MILZ-CHAKRA

das Zentrum umkreisen; diese Speichen aber sind ihrem Charakter nach unter einander verschieden, weil die einströmende Kraft sich in die sie zusammensetzenden Teile oder Qualitäten spaltet, und so strahlt auch jede Speiche eine besondere ihr eigene Wirkung aus, wenn auch die Unterschiede nur schwach sind. Die sekundäre Kraft nun wird, wenn sie jede Speiche passiert, durch deren Einfluß bis zu einem gewissen Grad modifiziert und es ändert sich demgemäß ein wenig die Schattierung der von ihr ausgehenden Farbe. Einige dieser Farbenschattierungen können nun eine bestimmte Form der Kraft anzeigen, die die Entfaltung irgend einer moralischen Eigenschaft begünstigt, und wenn also diese Eigenschaft im Menschen gestärkt wird, dann wird auch die ihr entsprechende Schwingung eine ausgesprochenere sein. Der stärkere oder schwächere Ton der Farbe kann also als ein Anzeichen dafür angenommen werden, ob der betreffende Mensch die entsprechende Eigenschaft in größerem oder geringerem Maße besitzt.

DAS WURZEL-CHAKRA.

Das erste, oder Grund-Zentrum, befindet sich an der Basis des Rückgrates (Taf. I). Seine Primärkraft strahlt in vier Speichen aus und ordnet demgemäß seine Schwingungsfelder derart an, daß es in vier Quadranten geteilt erscheint, die abwechselnd rot und orange gefärbt und durch Vertiefungen von einander geschieden sind. Es macht dadurch den Eindruck, als ob es mit dem Zeichen des Kreuzes gesiegelt wäre, und aus diesem Grunde wird auch oft das Kreuz zur Symbolisierung dieses Zentrums verwendet; manchmal benutzt man hiezu ein flammendes Kreuz, um das Schlangenfeuer anzudeuten, das in diesem Zentrum seinen Sitz hat. Wenn dieses Chakra mit genügender Stärke arbeitet, so ist seine Farbe ein feuriges Orange-rot, und sie entspricht vollkommen demjenigen Typus der Vitalität, der vom Milz-Zentrum zu ihm herabströmt. Wir werden im übrigen sehen, daß eine gleichartige Entsprechung mit der Farbe ihrer Vitalität tatsächlich bei allen Chakras beobachtet werden kann.

DAS MILZ-CHAKRA.

Das zweite, oder Milz-Zentrum (Taf. II) über der Milz dient zur Sonderung, Unterteilung und Verteilung der Vitalität, die wir von der Sonne empfangen. Diese Kraft ergießt sich wieder in sechs horizontale Ströme, während ihre siebente Abart in die Nabe des Rades eingezogen wird. Dieses Zentrum besitzt daher sechs „Blumenblätter" oder Schwingungsfelder, die alle verschieden gefärbt sind, und ist besonders strahlend, leuchtend und sonnenhaft. In jeder seiner sechs Abteilungen herrscht eine der Farben rot, orange, gelb, grün, blau und violett vor, die auch mit den Farben der einzelnen Formen der Vitalität übereinstimmen.

DAS NABEL-CHAKRA.

Das dritte oder Nabel-Zentrum (Taf. IV), das sich über dem Nabel, bezw. dem Sonnengeflecht befindet, empfängt eine Primärkraft mit zehn Ausstrahlungen und teilt sich daher durch die Art seiner Schwingung in zehn Schwingungsfelder oder „Blumenblätter". Es steht in engster Beziehung mit Gefühlen und Gemütserregungen verschiedenster Art. Seine vorherrschende Farbe ist eine merkwürdige Verschmelzung verschiedener Schattierungen von rot, doch weist es daneben auch eine starke grüne Färbung auf. In seinen Feldern herrscht abwechselnd die rote und die grüne Farbe vor.

DAS HERZ-CHAKRA.

Das vierte, das Herz-Zentrum (Taf. V), über dem Herzen, erstrahlt in einem leuchtenden Gold-gelb. Jeder seiner Quadranten ist in weitere drei Felder geteilt, woraus sich zwölf Schwingungsfelder ergeben, da auch seine Primärkraft zwölf Speichen bildet.

DAS HALS-CHAKRA.

Das fünfte, das Kehlkopf-Zentrum (Taf. VII) am Halse zählt sechzehn Speichen und daher auch sechzehn sichtbare Abteilungen. Es ist viel Blau in ihm enthalten, doch macht es im allgemeinen einen silberig schimmernden Eindruck, der an die Wirkung des Mondlichtes auf sich kräuselndem Wasser erinnert. Blau und grün herrschen abwechselnd in seinen Feldern vor.

DAS STIRN-CHAKRA.

Das sechste, das Stirn-Zentrum (Taf. IX). das zwischen den Augenbraunen gelegen ist, sieht aus, als ob es in zwei Hälften geteilt wäre, von denen die eine rosenrot mit einem starken Einschlag von gelb gefärbt ist und in der anderen eine Art Lila-Blau vorherrscht; auch hier stimmen diese beiden Farben aufs Innigste mit denen der besonderen Typen der Vitalität überein, die es beleben. Dies mag die Ursache sein, warum es in indischen Schriften als nur zweiblättrig angeführt wird. Wenn wir aber die in ihm den bisherigen Chakras entsprechenden Schwingungsfelder zählen, dann werden wir finden, daß jede Hälfte achtundvierzig solcher Felder beinhaltet, die also zusammen sechsundneunzig ergeben, da ja auch die Primärkraft dieses Zentrums diese Anzahl von Ausstrahlungen aufweist.

Dieser plötzliche Sprung von sechzehn zu sechsundneunzig und die noch überraschendere Abweichung zwischen diesem und dem nächsten Chakra von sechsundneunzig zu neunhundertzweiundsiebzig zeigen uns, daß wir es hier mit ganz andersartigen Zentren zu tun haben, als diejenigen, mit denen wir uns bisher beschäftigt haben. Wir kennen noch nicht alle Faktoren, welche die Anzahl der Speichen in einem Chakra bestimmen, doch steht es schon vollkommen fest, daß sie die Nuancen darstellen, in denen die Primär-Kraft variiert. Bevor über diesen Gegenstand mehr gesagt werden kann, müßten erst hunderte Beobachtungen und Vergleiche angestellt und immer wieder und wieder vorgenommen, wiederholt und verifiziert werden. Soviel ist aber inzwischen klar: während die Bedürfnisse der Persönlichkeit durch eine begrenzte Anzahl verschiedener Krafttypen befriedigt werden können, begegnen wir, sobald wir es mit den höheren, permanenteren Prinzipien im Menschen zu tun haben, einer Mannigfaltigkeit und Vielfalt, die zu ihrem Ausdruck eine bedeutend größere Auswahl von Modifikationen der Energie benötigt.

DAS SCHEITEL-CHAKRA.

Wenn das siebente, das Scheitel-Zentrum oben auf dem Haupte (siehe Titelbild) zu voller

Abb. 2

Tätigkeit erweckt worden ist, dann übertrifft es an Glanz alle anderen und erstrahlt in unbeschreiblichen Farbenwirkungen, während es mit beinahe unfaßbarer Geschwindigkeit vibriert. Es scheint alle Arten der Spektralfarben zu enthalten, ist aber im Ganzen vorherrschend violett. In den indischen Schriften wird es als tausendblättrig beschrieben und dies kommt der Wahrheit tatsächlich sehr nahe, da die Anzahl der von der primären Kraft ausgehenden Ausstrahlungen im äußeren Kreise neunhundertsechzig beträgt. Jede dieser Linien erscheint in unserem Titelbilde getreulich wiedergegeben, wenn es auch kaum möglich ist, den Eindruck von gesonderten Blättern wiederzugeben. Ueberdies weist es eine Erscheinung auf, die allen anderen Chakras fehlt, nämlich eine Art zentralen Nebenwirbels von weißem, golddurchsetzten Licht in seinem Herzen, der eine sekundäre Tätigkeit mit zwölf eigenen Schwingungsfeldern aufweist.

Dieses Chakra wird gewöhnlich als letztes erweckt. Zu Beginn hat es dieselbe Größe wie die übrigen; in dem Maße aber, wie der Mensch auf dem Pfade geistiger Entwicklung fortschreitet, nimmt es an Umfang stetig zu, bis es fast die ganze Schädeldecke einnimmt. Seine Entfaltung bringt aber noch eine andere Besonderheit mit sich. Anfänglich ist es, ebenso wie alle anderen, eine Vertiefung im Ätherkörper, da durch es, wie durch alle anderen, die göttliche Kraft von außen einströmt. Wenn aber der Mensch seine Stellung als ein König des göttlichen Lichtes verwirklicht hat, der auf alles, was ihn umgibt, verschwenderisch seine Gaben ausstreut, dann schaltet sich dieses Chakra um, indem es sich sozusagen von innen nach außen umstülpt; es ist nicht länger mehr ein Stromweg für Kraftaufnahme, sondern für Kraftausstrahlung, nicht mehr eine Vertiefung, sondern eine Erhebung, die sich wie ein Dom über dem Haupte als eine wahrhaftige Glorienkrone wölbt.

In orientalischen Abbildungen und Statuen von Göttern oder großen Menschen kommt diese Erhebung oft zum sichtbaren Ausdruck. In Abb. 2 sehen wir sie links auf dem Haupte einer Statue Buddhas des Herrn zu Borobudur auf Java. Es ist dies die herkömmliche Darstellungsweise und man kann sie auf den Köpfen tausender Bilder Buddhas des Herrn sehen. In vielen Fällen wird man finden, daß beide Absätze des Sahasrâra-Chakra dargestellt werden, — erst die größere Kuppel von neunhundertsechzig „Blumenblättern“ und dann die kleine zwölfblättrige, die sich aus ersterer erhebt. Auf unserer Abbildung erblicken wir rechts eine Wiedergabe des Kopfes des Brahma von Hokké-dô von Tôdai-ji in Nara, Japan (aus dem Jahre 749 n. Chr.); seine Haartracht ist derart angeordnet, daß sie dieses Chakra darstellt, unterscheidet sich aber in ihrer Form von der des soeben beschriebenen Kopfes dadurch, daß sie den diesem Zentrum entstrahlenden Flammenkranz aufweist.

Dieses Chakra kommt auch in der christlichen Symbolik als die Kronen der „vierundzwanzig Ältesten“ zum Ausdruck, die sie immer wieder vor dem Throne Gottes niederwerfen. Denn in den hochentwickelten Menschen strahlt dieses Scheitelchakra einen Glanz und eine Glorie aus, die als wahre Krone sein Haupt umschweben; und jene Stelle in der Heiligen Schrift bedeutet, daß er alles, was er sich errungen hat, das herrliche Karma, das er schafft, und die wunderbare geistige Kraft, die aus ihm strömt, — daß er dies alles immer wieder zu Füßen des Logos niederlegt, auf daß es für SEIN Werk gebraucht werde. Und er kann seine goldene Krone immer und immer wieder hinwerfen, denn die Kraft, die aus seinem Inneren aufquillt, bildet sie immer wieder auf's Neue.

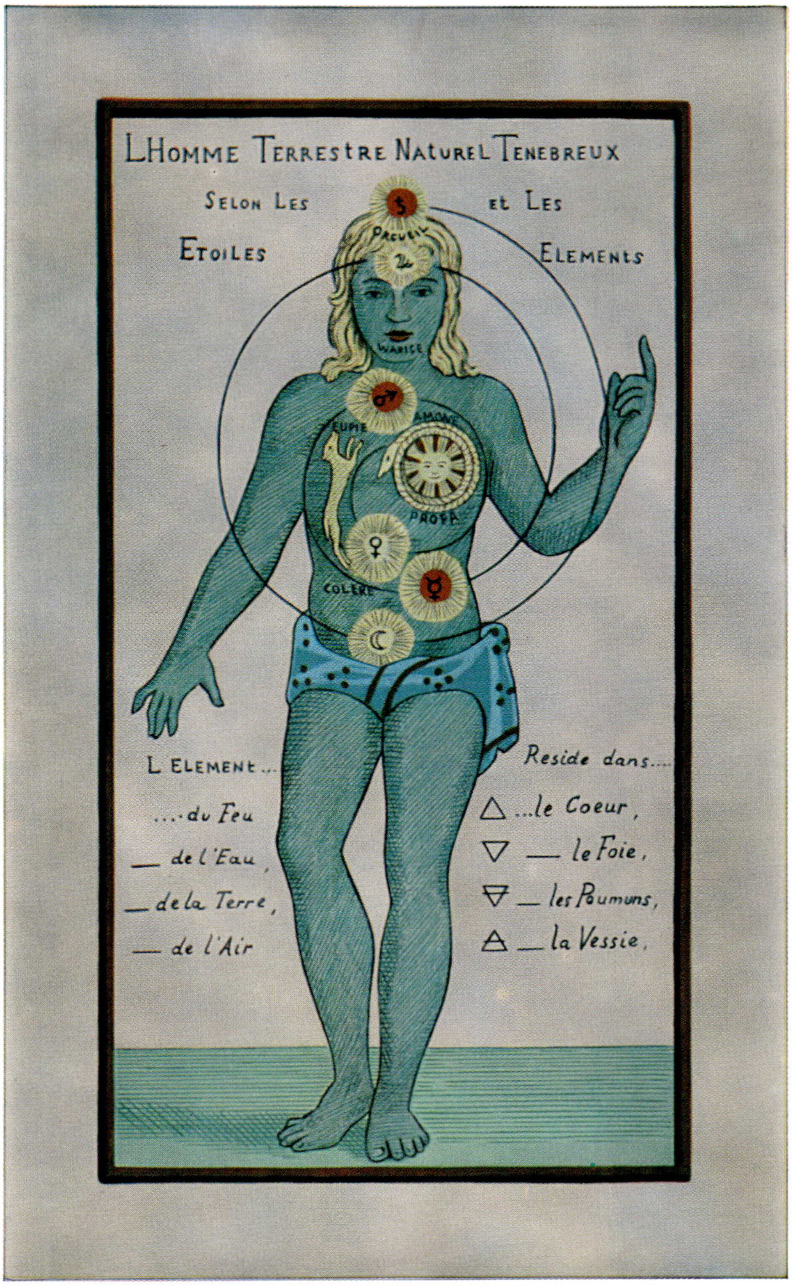

DIE CHAKRAS NACH GICHTEL

SONSTIGE ANGABEN ÜBER DIE CHAKRAS.

In der Sanskrit-Literatur werden diese sieben Kraft-Zentren in einigen der „Kleineren Upanischaden“, in den Puranas und in den Tantra-Werken häufig beschrieben, und diese werden von vielen indischen Yogis noch heute benützt. Ein mit dem inneren Leben Indiens vertrauter Freund versichert mir, daß er eine Schule in diesem Lande kenne, welche die Chakras ganz frei als Mittel zur Entfaltung gebraucht und die an sechzehntausend über ein weites Gebiet verstreut lebender Menschen zu ihren Schülern zählt. In einem späteren Kapitel werden wir versuchen, einen mit Erläuterungen versehenen Ueberblick über die ungemein interessanten Aufschlüsse zu geben, die uns indische Quellen über diesen Gegenstand liefern.

Auch gewisse europäische Mystiker scheinen von den Chakras gewußt zu haben. Ein Beweis hiefür findet sich in der „THEOSOPHIA PRACTICA“ des wohlbekannten deutschen Mystikers Johann Georg GICHTEL, eines Schülers Jakob Boehmes, der wahrscheinlich der geheimen Gesellschaft der Rosenkreuzer angehörte. Aus diesem Werke Gichtel's ist mit freundlicher Zustimmung des Verlegers unsere Tafel III. entnommen. Dieses Werk erschien ursprünglich im Jahre 1696, wenn auch die Ausgabe vom Jahre 1736 vermeldet, daß die Figuren, deren Beschreibung den Hauptinhalt des Buches ausmacht, etwa 10 Jahre nach dem im Jahre 1710 erfolgten Tode des Verfassers gedruckt wurden. Dieses Werk darf nicht mit einer Sammlung von Gichtels Briefen verwechselt werden, die ebenfalls unter dem Titel „Theosophia practica“ erschienen ist; es ist nicht in Briefform abgefaßt, sondern es behandelt in sechs Abschnitten den Gegenstand jener mystischen Wiedergeburt, die ja einen der hervorragendsten Lehrsätze des rosenkreuzerischen Systems bildete.

Die in dem vorliegenden Buche enthaltene Abbildung ist eine photographische Wiedergabe aus der französischen Uebersetzung der „Theosophia practica“, die im Jahre 1897 als Nr. 4 der „Bibliothéque rosicrucienne“ im Verlage der Bibliothéque Chacornac, Paris erschienen ist.

Gichtel wurde im Jahre 1638 zu Regensburg in Bayern geboren, studierte Theologie und die Rechte und übte den Beruf eines Rechtsanwaltes aus. Als er aber zum Bewußtsein einer inneren geistigen Welt gelangte, sagte er sich von allen weltlichen Interessen los und wurde der Gründer einer mystisch-christlichen Bewegung. Da er sich zu der unwissenden Orthodoxie seiner Zeit in Gegensatz stellte, zog er sich den Haß der von ihm Angegriffenen zu und wurde infolgedessen um das Jahr 1670 unter Einziehung seines Vermögens verbannt. Er fand schließlich eine Zuflucht in Holland. wo er die restlichen vierzig Jahre seines Lebens verbrachte.

Offenbar glaubte er, daß die in seiner „Theosophia practica“ enthaltenen Figuren irgendwie geheimer Natur wären, und sie blieben auch anscheinend während einer ganzen Reihe von Jahren dem kleinen Kreise seiner Schüler vorbehalten. Sie waren, wie er sagt, das Ergebnis einer inneren Erleuchtung — die wahrscheinlich mit dem identisch war, was wir heute hellseherische Fähigkeiten nennen würden. Auf dem Titelblatt des Werkes nennt er es: „Eine kurze Darlegung der drei Prinzipien der Welten im Menschen, in klar verständlichen Bildern dargestellt, die anzeigen, wie und wo ein jedes sein Zentrum im inneren Menschen hat, entsprechend dem, was der Verfasser kraft göttlicher Schauung in sich selbst entdeckt und was er gefühlt, erprobt und wahrgenommen hat.“

Ebenso wie den meisten Mystikern seiner Zeit fehlt jedoch Gichtel die Exaktheit, die den wahren Okkultisten und Mystiker kennzeichnen sollte; bei der Beschreibung seiner Figuren gestattet er sich langatmige, wenn auch ganz interessante Abschweifungen über die Schwierigkeiten und Probleme des geistigen Lebens. Als Erklärung der darin enthaltenen Figuren ist sein Werk jedoch unzulänglich. Möglicherweise durfte er gar nicht zuviel aussagen, vielleicht wollte er auch bewirken, daß seine Leser lernen sollten, das selber wahrzunehmen, was er beschrieb. Es ist aber auch leicht möglich, daß er zwar kraft des geistigen Lebens, das er führte, eine genügende Hellsichtigkeit entwickelt hatte, um die Chakras wahrnehmen zu können, daß ihm aber ihre wahre Natur und Bestimmung verhüllt blieb, sodaß er sie bei dem Versuche, ihre Bedeutung zu erklären, zu der landläufigen Symbolik der mystischen Schule in Beziehung setzte, der er selbst angehörte.

Er befaßt sich hier sichtlich mit dem natürlichen, irdischen, in Finsternis befangenen Menschen und dies mag ihn einigermaßen in der etwas pessimistischen Auffassung seiner Chakras entschuldigen. Ueber das erste und zweite Chakra sagt er nichts aus — möglicherweise, weil er wußte. daß sie hauptsächlich mit physiologischen Vorgängen zu tun haben —, bezeichnet aber den Solarplexus als den Sitz des Zornes, was er ja auch tatsächlich ist. Das Herz-Zentrum sieht er von Eigenliebe, den Kehlkopf von Neid und Geiz erfüllt, und die höheren Zentren des Hauptes strahlen nicht mehr als bloßen Stolz aus.

Auch ordnet er den Chakras Planeten zu, wobei er den Mond mit dem Wurzelzentrum verbindet, Merkur mit dem der Milz, Venus mit dem des Nabels, die Sonne mit dem Herz-Chakra (obgleich wir sehen, daß eine Schlange es umringelt), den Mars mit dem Kehlkopf-, Jupiter mit dem Stirn- und Saturn mit dem Scheitel-Zentrum.

Ferner belehrt er uns, daß Feuer im Herzen wohnt, Wasser in der Leber, Erde in der Lunge und Luft in der Blase.

Bemerkenswert ist, daß er eine Spirale zeichnet, die von der um das Herz geringelten Schlange ausgeht und der Reihe nach alle Zentren durchläuft; doch scheint kein bestimmter Grund für die Reihenfolge vorzuliegen, in der die Linie sie berührt. Die Symbolik des laufenden Hundes wird nicht erklärt und es bleibt uns daher überlassen, ihn nach unserem Gutdünken zu deuten.

Der Verfasser gibt uns an späterer Stelle ein Bild von dem durch Christus wiedergeborenen Menschen, der die Schlange vollkommen niedergerungen hat, in dem aber die Sonne durch das heilige Herz ersetzt wurde, aus dem auf höchst schauerliche Weise geronnenes Blut niedertropft.

Aber nicht die Erläuterungen des Verfassers interessieren uns an diesem Bilde, sondern die Tatsache, daß es uns, ohne auch nur die Möglichkeit eines Irrtums zuzulassen, zeigt, daß die Existenz und die Lage der sieben Zentren im menschlichen Körper zumindesten einigen unter den Mystikern des siebzehnten Jahrhunderts bekannt waren.

Ein weiterer Beweis dafür, daß man schon in früheren Zeiten diese Kraftzentren kannte, ist in den Ritualen der Freimaurerei zu finden, deren Hauptpunkte uns aus unvordenklichen Zeiten überkommen sind. Verschiedene Bildwerke zeigen uns, daß diese Einzelheiten schon im alten Aegypten bekannt waren und geübt wurden, die uns dann getreulich bis auf den heutigen Tag überliefert worden sind. Sie sind unter den „Geheimnissen“ der Freimaurer zu finden, die von ihnen Gebrauch machen, um für den besonderen Anlaß und Zweck ihrer Arbeit gewisse Zentren anzuregen, wenn sie auch im Allgemeinen nur wenig oder gar nichts von all dem wissen, daß sich jenseits des normalen Sehvermögens abspielt. Weitere Erklärungen über diesen Gegenstand sind hier nicht angängig, doch habe ich davon, soweit dies zulässig ist, in meinem Werke „Das verborgene Leben in der Freimaurerei“ [3]) Erwähnung getan.

[3]) In deutscher Uebersetzung erschienen bei Ernst Pieper Ring-Verlag, Düsseldorf. (Übers.)

ZWEITES KAPITEL

DIE KRÄFTE

ZWEITES KAPITEL

DIE KRÄFTE

DIE PRIMÄRE ODER LEBENS-KRAFT.

Die Gottheit strömt die verschiedensten Arten von Energie aus. Es mag ihrer viele hunderte geben, von denen wir nichts wissen; einige wenige aber sind erforscht worden. Jede einzelne dieser bisher wahrgenommenen Kräfte manifestiert sich auf jeder Ebene, die unsere Forscher bisher zu erreichen vermochten, in der ihr besonderen Weise; gegenwärtig aber wollen wir uns mit jener Form befassen, in der sie sich in der physischen Welt offenbaren. Eine von ihnen manifestiert sich als Elektrizität, eine andere als das Schlangenfeuer, eine dritte als Vitalität und wieder eine andere als die Lebenskraft, die — wie gleich ersichtlich sein wird — eine von der Vitalität vollständig verschiedene Erscheinung darstellt. Eine geduldige und lang fortgesetzte Arbeit ist für den Forscher vonnöten, der diese Kräfte bis zu ihrem Ursprung verfolgen und unter einander in Beziehung setzen will. Zur Zeit, da ich in meinem Buche „The Hidden Side of Things" die Antworten auf verschiedene Fragen zusammenstellte, die während der vorangegangenen Jahre anläßlich der Zusammenkünfte auf dem Dache unseres Hauses zu Adyar an mich gestellt wurden, wußte ich wohl manches über die Manifestation der Lebenskraft, der Kundalinî und der Vitalität in der physischen Welt, jedoch noch nichts über ihre Beziehungen zu den „drei Ausgießungen"; deshalb beschrieb ich sie damals als von letzteren vollständig verschiedene und unabhängige Erscheinungen. Weitere Forschungen gestatteten mir aber, diese Lücke auszufüllen, und so freue ich mich über die sich mir jetzt bietende Gelegenheit, die unzutreffenden Behauptungen von damals zu verbessern.

Drei Hauptkräfte durchströmen die Chakras, die wir als die Darstellung der drei Aspekte des Logos ansehen können. Jene Energie, die wir in die glockenförmige Oeffnung des Chakra einströmen sehen, wobei sie eine sie kreisförmig umfließende, sekundäre Kraft auslöst, ist eine der Ausdrucksformen der zweiten Ausgießung, die vom zweiten Aspekt des Logos herrührt, — von jenem Strom des Lebens, der von IHM in die Materie ausgesandt wurde, die durch die Tätigkeit des dritten Aspektes des Logos in der ersten Ausgießung bereits belebt worden war. Ein Sinnbild für diesen Vorgang finden wir in der christlichen Lehre, wenn gesagt wird, daß der Christus „vom Heiligen Geiste und der Jungfrau Maria Fleisch" (d. h. Form) „angenommen hat".

Diese zweite Ausgießung hat sich fast bis ins Unendliche geteilt, und nicht nur geteilt, sondern auch differenziert — d. h. dem Scheine nach. In Wirklichkeit aber ist dies höchstwahrscheinlich nur die „Maya" oder Illusion, in der wir die zweite Ausgießung in ihrer Wirkung wahrnehmen. Sie ergießt sich durch zahllose Millionen Stromwege, offenbart sich auf jeder Ebene und Unterebene unseres Systems und ist doch im Grunde ein und dieselbe Kraft, die nie und in keiner Weise mit der ersten Ausgießung verwechselt werden darf, die lange vorher die chemischen Elemente aufgebaut hat, die dann der zweiten Ausgießung als Material für den Aufbau ihrer Lebensträger (Vehikel) auf allen Ebenen dienen. Manche ihrer Manifestationen erscheinen niederer und dichter, da sie niedrigeren und dichteren Stoff benützen. So wirkt sie sich auf der buddhischen Ebene als das Christusprinzip aus, das unmerkbar und allmählich in der Seele des Menschen erblüht und sich entfaltet; ebenso sehen wir, daß sie in den Gefühls- und Gedankenkörpern verschiedene Schichten der Materie belebt, sodaß sie sich in verschiedener Weise offenbart. In der Form einer edlen Gemütserregung im höheren Teile, im niedrigeren Teile desselben Körpers als ein bloßes Aufschießen von Lebenskraft, die den Stoff dieses Körpers mit Energie lädt.

Wir konnten beobachten, daß sie auf der niedrigsten Verkörperungsstufe einen Schleier ätherischer Materie um sich zieht und aus dem Astralkörper in die blumenartigen Oeffnungen der Chakras einströmt, die sich an der Oberfläche des ätherischen Teils des physischen Körpers befinden. Hier begegnet sie einer anderen Kraft, die aus dem Innern des menschlichen Körpers aufquillt, — der geheimnisvollen Kraft, die Kundalinî oder das Schlangenfeuer genannt wird.

DAS SCHLANGENFEUER.

Diese Kraft ist die sich auf der physischen Ebene auswirkende Manifestation eines anderen der vielfältigen Aspekte der Logos-Energie. Er gehört der ersten Ausgießung an, die vom dritten Logos ausgeht, und wirkt auf allen Ebenen, von denen wir etwas wissen; doch haben wir uns gegenwärtig nur mit seiner Auswirkung in der ätherischen Materie zu beschäftigen. Diese Kraft läßt sich weder in die schon besprochene Primär-Kraft noch in die Kraft der Vitalität umwandeln, die von der Sonne herkommt, noch wird sie, wie es scheint, durch irgend eine andere Form von physischer Energie im geringsten affiziert. Ich selbst sah, wie der Körper eines Menschen mit einundeinemviertel Millionen Volt Elektrizität geladen wurde, sodaß große Flammenbündel aus seinen Fingern schlugen, wenn er seinen Arm gegen die Wand ausstreckte, wobei er aber nichts ungewöhnliches verspürte noch die geringste Verbrennung erlitt, solange er keinen außerhalb liegenden Gegenstand berührte; aber selbst dieser ungeheure Energieaufwand übte auf das Schlangenfeuer nicht die geringste Wirkung aus.

Es ist uns schon seit langem bekannt, daß sich tief im Erdinnern das befindet, was man das Laboratorium des dritten Logos nennen kann. Wenn wir versuchen, die Verhältnisse um den Erdmittelpunkt zu erforschen, so stoßen wir dort auf eine ungeheuer ausgedehnte Sphäre von solch furchtbarer Kraft, daß ein weiteres Vordringen unmöglich ist. Nur mit ihren äußeren Schichten kön-

DAS NABEL-CHAKRA

nen wir in Berührung kommen; aber schon da wird uns klar, daß sie mit der Kundalinî im menschlichen Körper in Wechselbeziehung stehen. Die Kraft des dritten Logos mußte sich vor Aeonen in dieses Zentrum ergossen haben. wo sie heute noch fortwirkt. Hier schafft Er an der allmählichen Entwicklung neuer chemischer Elemente, die eine stets wachsende Mannigfaltigkeit der Form und ein immer kraftvolleres inneres Leben, eine immer energischere Aktivität aufweisen.

Allen, die Chemie studieren, ist die periodische Tafel bekannt, die von dem russischen Chemiker Mendelejew zu Ende des letzten Jahrhunderts aufgestellt wurde und in der die bekannten chemischen Elemente in der Reihenfolge ihrer Atomgewichte angeordnet sind; sie beginnt mit dem leichtesten, dem Wasserstoff, der das Atomgewicht 1 besitzt, und endet mit dem schwersten gegenwärtig bekannten, dem Uran, mit einem Atomgewicht von 238,5. Unsere eigenen Forschungen auf diesem Gebiete haben ergeben, daß diese Atomgewichte mit beinahe vollkommener Genauigkeit der Anzahl der Uratome in jedem Element entsprechen, und wir haben in unserem Werke „Die okkulte Chemie" diese Zahlen ebenso wie die Form und den Aufbau eines jeden Elementes niedergelegt.

In den meisten Fällen weisen die Formen, die wir bei der Untersuchung der Elemente mittels des ätherischen Hellsehens gefunden haben, — ebenso wie die periodische Tabelle — darauf hin, daß die Elemente in einer zyklischen Ordnung entwickelt wurden und daß sie sich nicht längs einer geraden Linie, sondern entlang einer ansteigenden Spirale anordnen. Es wurde uns gesagt, daß die Elemente Wasserstoff, Sauerstoff und Stickstoff — die beiläufig die Hälfte der Erdrinde und fast die gesamte Atmosphäre aufbauen — gleichzeitig einem anderen und größeren Sonnensystem angehören, wobei aber zu verstehen ist, daß die übrigen Elemente durch den Logos unseres Systems entwikkelt worden sind. Diese Spirallinie seiner chemischen Entwicklung führt Er über das Uran hinaus unter Temperatur- und Druckverhältnissen fort, die jenseits unserer Vorstellungen liegen. Wenn neue Elemente gebildet wurden, werden sie allmählich auswärts und aufwärts gegen die Erdoberfläche ausgestoßen.

Aus diesem Laboratorium des Heiligen Geistes tief unten in der Erde stammt die Kraft der Kundalinî in unserem Körper und gehört so jenem furchtbaren, glühenden Feuer der Unterwelt an. Dieses Feuer steht in einem auffallenden Gegensatz zu dem Feuer der Vitalität, das, wie später ausgeführt werden wird, seinen Ursprung in der Sonne hat und der Luft, dem Licht und den weiten offenen Räumen angehört; das Feuer aber, das von unten kommt, ist von mehr stofflicher Art gleich dem Feuer rotglühenden Eisens oder geschmolzenen Metalls. Einen furchtbaren Aspekt hat diese ungeheuere Kraft: ein Niedersteigen in immer größere Tiefen der Materie, das sich in einer langsamen, aber unwiderstehlichen Bewegung mit unbarmherziger Gewißheit vollzieht.

Das Schlangenfeuer gehört nicht jenem Teil der Energie des dritten Logos an, dessen er sich zum Aufbau von immer dichteren chemischen Elementen bedient. Es stellt vielmehr ein weiteres Entwicklungsstadium jener Kraft dar, die das lebendige Zentrum des Radium und ähnlicher Elemente bildet, und zählt zu jenen Erscheinungen, die durch das Leben des dritten Logos bewirkt werden, nachdem es den tiefsten Punkt seines Herabstiegs erreicht hat und wieder zu den Höhen aufsteigt, von denen es seinen Ausgang genommen hat. Wir wissen schon seit langem, daß die zweite Lebenswoge, die vom zweiten Logos ausgeht, durch das erste, zweite und dritte Elemental-Reich bis zum

Mineralreich in die Materie hinabsteigt und dann wieder durch das Pflanzen- und Tierreich zum Menschenreich aufsteigt, wo es die bis zu diesem Punkte herabreichende Kraft des ersten Logos trifft. Dieser Vorgang wird in Abb. 3 angedeutet, in welcher die linke Kurve der ovalen Figur das Herabsteigen der zweiten Ausgießung anzeigt, die ihren tiefsten Punkt auf der untersten Linie des Diagramms erreicht und dann in der rechten Kurve wieder aufwärts steigt.

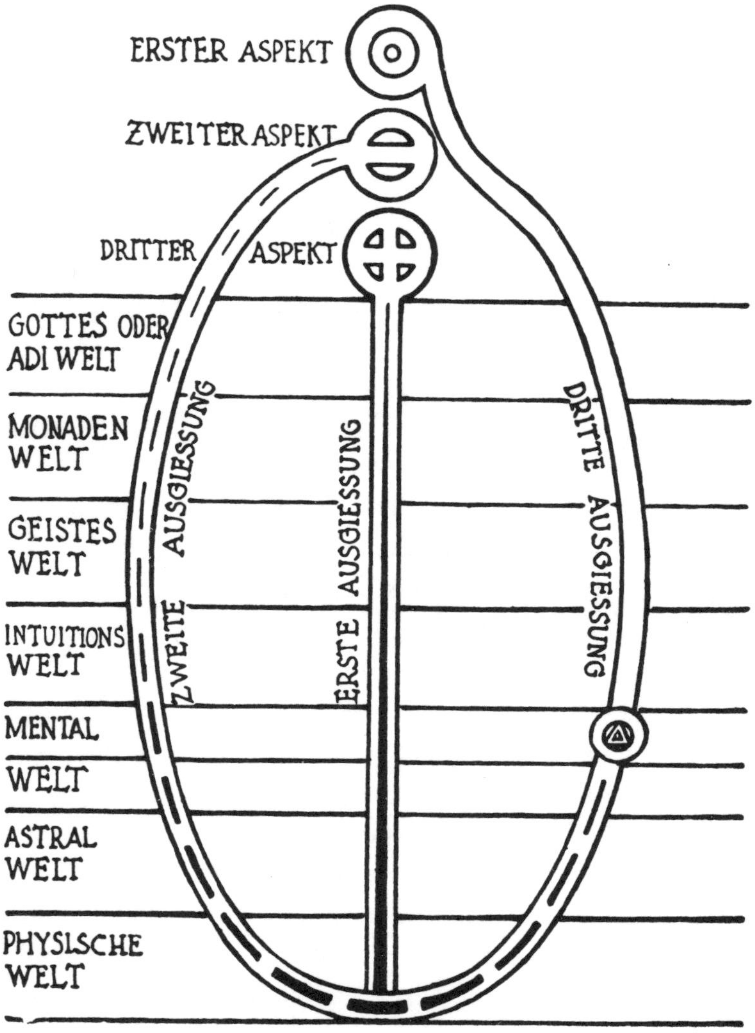

Abb. 3

Wir sehen nun, daß auch die Kraft des dritten Logos, nachdem sie ihren tiefsten Punkt erreicht hat, sich wieder aufwärts wendet, und so müssen wir uns vorstellen, daß die mittlere senkrechte Linie in unserer Abbildung wieder den gleichen Weg nach oben einschlägt. Die Kraft dieser Ausgießung auf dem Wege der Rückkehr ist Kundalinî. Diese arbeitet in engem Kontakt mit der schon besprochenen Primär-Kraft und das Zusammenwirken beider Kräfte bringt die Körper der sich entwickelnden Wesen bis zu dem Punkte, wo sie die Ausgießung des ersten Logos empfangen und so ein Ego, ein menschliches Wesen werden können; und auch noch über diese Stufe hinaus treiben sie die Entfaltung der Körper weiter. So ziehen wir aus der Erde unten wie aus dem Himmel oben die mächtige Kraft Gottes; wir sind in gleicher Weise Kinder der Erde wie Kinder der Sonne. Beide Kräfte treffen einander in uns und wirken gemeinsam für unsere Entfaltung. Eine kann nicht ohne die andere in uns wohnen; wenn aber die eine allzusehr überwiegt, stellen sich ernste Gefahren ein und deshalb ist es sehr gewagt, die tieferen Bereiche des Schlangenfeuers zur Entfaltung zu bringen, bevor das Leben des Menschen entsprechend rein und geläutert ist.

Gar viel hören wir über dieses seltsame Feuer und die Gefahr seiner vorzeitigen Erwekkung; zweifellos beruht auch vieles davon auf Wahrheit und tatsächlich wird schweres Unheil heraufbeschworen, wenn die höheren Aspekte dieser wilden Energie im Menschen erweckt werden, bevor er die Kraft gewonnen hat, sie zu beherrschen, und bevor er sich die notwendige Reinheit des Lebens und Denkens erworben hat, um eine so ungeheuerliche Kraft ohne Gefahr in sich freizusetzen. Kundalinî spielt aber eine viel größere Rolle im täglichen Leben, als es die meisten von uns bisher angenommen haben. Sie weist eine viel niedrigere und freundlichere Manifestation auf, die in uns allen schon erweckt ist, die nicht nur unschädlich, sondern sehr wohltätig wirkt und die ihr zugeteilte Arbeit Tag und Nacht verrichtet, ohne daß man sich ihrer Gegenwart und Tätigkeit irgendwie bewußt wird. Natürlich hatten wir diese Kraft schon beobachtet — sie strömt die Nerven entlang —, doch nannten wir sie einfach das Nervenfluidum und erkannten nicht ihr wahres Wesen. Wenn wir versuchen, sie zu analysieren und bis zu ihrem Ursprung zurückzuverfolgen, so können wir feststellen, daß sie in den menschlichen Körper durch das Wurzelchakra eintritt.

Wie alle anderen Kräfte ist auch Kundalinî selbst nicht sichtbar; im menschlichen Körper hüllt sie sich jedoch in eine Anzahl konzentrischer Hohlkugeln von astraler und ätherischer Materie, die seltsam, ähnlich wie die Ballen eines chinesischen Geduldspieles, in einander geschachtelt sind. Anscheinend sieben solcher konzentrischer Kugeln sind im Innern des Wurzelchakra, und zwar ganz nahe am Steißbein teils innerhalb des letzten Hohlraumes oder Zelle des Rückgrates, teils rund um diesen angeordnet. Beim Durchschnittsmenschen ist die Kraft jedoch nur in der äußersten dieser Kugeln tätig; in den anderen „schläft“ sie, wie es in manchen orientalischen Werken heißt. Nur wenn ein Mensch versucht, die latente Energie in den inneren Schichten zu erwecken, beginnen die gefährlichen Feuerphänomene in Erscheinung zu treten. Das harmlose Feuer der äußeren Hülle fließt längs der Wirbelsäule aufwärts, und zwar — soweit die Forschungen bisher ergeben haben — zugleich entlang dreier Kanäle Suschumnâ, Idâ und Pingalâ.

DIE DREI KANÄLE DES RÜCKGRATES.

Frau Blavatsky schreibt in der „Geheimlehre“ über die drei Ströme, die innerhalb des Rükkenmarkes eines jeden Menschen und um dieses herum fließen, wie folgt:

„Die Transhimalayische Schule . . . . verlegt Sushumnâ, den Hauptsitz dieser drei Nâdîs, in die mittlere Röhre des Rückenmarks und . . . . Idâ und Pingalâ sind einfach die Erhöhung und Erniedrigung um einen halben Ton zu jenem FA der menschlichen Natur, das . . . wenn in der richtigen Weie intoniert, die Schildwachen zu beiden Seiten erweckt, den geistigen Manas und den physischen Kâma, und das Niedrigere durch das Höhere unterwirft."[4])

„Der reine Akascha bewegt sich an Sushumnâ empor; seine beiden Aspekte fließen in Idâ und Pingalâ. Das sind die drei Lebenswinde, und sie werden durch die Brahmanische Schnur symolisiert. Sie werden vom Willen beherrscht. Wille und Begierde sind der höhere und niedere Aspekt eines und desselben Dinges. Daher die Wichtigkeit der Reinheit der Kanäle . . . . Von diesen drei geht eine Zirkulation aus, die von dem Zentralkanal aus den ganzen Körper durchdringt."[5])

„Idâ und Pingalâ spielen längs der bogenförmigen Wand des Marks, worin sich Sushumnâ befindet. Sie sind halb-materiell, positiv und negativ, Sonne und Mond, und treiben den freien und geistigen Strom der Sushumnâ zur Tätigkeit an. Sie haben ihre eigenen bestimmten Pfade, sonst würden sie über den ganzen Körper ausstrahlen."[6])

In meinem Werke „Das verborgene Leben in der Freimaurerei" berichtete ich über einen bestimmten maurerischen Gebrauch dieser Kräfte wie folgt:

„Das System der Freimaurerei bezweckt unter anderem, die Tätigkeit dieser Kräfte im menschlichen Körper zu stimulieren, um dadurch die Entwicklung zu beschleunigen. Dies geschieht in dem Augenblicke, da der M. v. St. „erkennt, empfängt und bestätigt". Hiebei wird im ersten Grade Idâ, der weibliche Aspekt der Kraft beeinflußt, wodurch dem Kandidaten die Beherrschung seiner Triebe und Gefühle erleichtert wird; im zweiten Grade wird Pingalâ, der männliche Aspekt, gestärkt, um die Beherrschung des Verstandes zu fördern; im dritten Grade aber wird Suschumnâ, die zentrale Energie selbst geweckt und dadurch dem Einfluß des reinen höchsten Geistes die Wege zu ebnen. Durch diesen Kanal der Suschumnâ vermag der Yogi aus eigenem Willen seinen physischen Körper derart zu verlassen, daß er hiebei sein volles Bewußtsein auf den höheren Ebenen festhalten und so eine klare Erinnerung seiner Erlebnisse in sein physisches Gehirn herabbringen kann. Die kleinen Zeichnungen, die untenstehend folgen, geben eine ungefähre Vorstellung davon, in welcher Weise diese Kräfte durch den Körper des Menschen fließen. Beim Manne schießt Idâ an der Basis des Rückgrates genau links von Suschumnâ auf und Pingalâ rechts davon (rechts und links nicht vom Beschauer aus, sondern im betreffenden Menschen gesehen), während bei der Frau die Lage umgekehrt ist. Die Kanäle enden in der „Medulla oblongata" (dem verlängerten Rückenmark, d. Übers.)

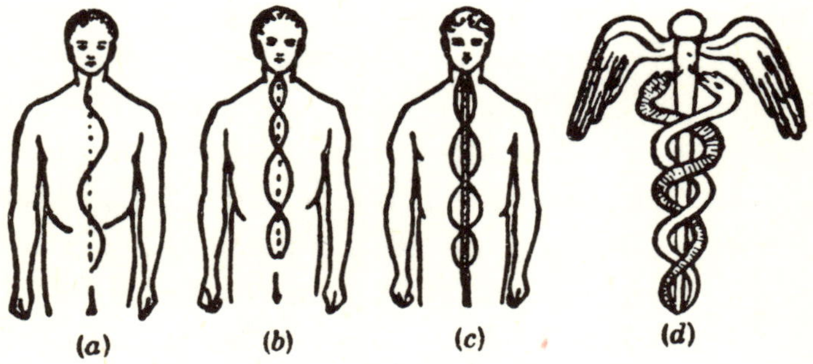

(a) (b) (c) (d)

Abb. 4

In Indien wird die Wirbelsäule „Brahmadanda", der Stab Brahmas, genannt. Die Zeichnung in Abbildung 4, d) zeigt sie auch als das Urbild des Merkurstabes, dessen beide Schlangen die Kundalinî oder das Schlangenfeuer versinnbildlichen, das längs dieser Kanäle in Bewegung gesetzt wird, indessen die Flügel die Kraft des bewußten Fluges durch die höheren Welten bedeuten, den die Entfaltung dieses Feuers bewirkt. Abb. 4, a) zeigt die nach der Einweihung

[4]) H. B. Blavatsky, „Die Geheimlehre", III. S. 503. Leipzig.

[5]) a. a. O., S. 537.

[6]) a. a. O., S. 547.

DAS HERZ-CHAKRA

in den 1. Grad angeregte Idâ, die hochrot gefärbt ist. Ihr wird bei der Beförderung in den 2. Grad die in Abb. 4, b) wiedergegebene, gelbe Linie von Pingalâ hinzugefügt, und bei der Erhebung in den 3. Grad werden beide durch den tiefblauen Strom der Suschumnâ ergänzt. (Abb. 4, c).[7])

Die Kundalinî, die normalerweise durch diese Kanäle emporflutet, wird während dieses Aufwärtsfließens in zwei Beziehungen differenziert. Sie selbst stellt ein eigenartiges Gemisch von positiven und negativen Eigenschaften dar, die man beinahe mit „männlich" und „weiblich" bezeichnen kann. Im Ganzen aber herrscht der weibliche Aspekt sehr stark vor, was auch der Grund dafür sein mag, daß die indischen Schriften von dieser Kraft immer als „sie" sprechen und warum eine bestimmte „Kammer im Herzen", in die durch gewisse Yoga-Übungen die Kundalinî konzentriert wird, in der „Stimme der Stille" als das Heim der Weltenmutter beschrieben wird. Wenn aber dieses Schlangenfeuer aus seinem Sitz im Wurzelchakra austritt und durch die drei eben beschriebenen Kanäle emporsteigt, dann ist bemerkenswerterweise der durch den Kanal Pingalâ aufsteigende Teil nahezu ganz männlich, derjenige aber, der durch Idâ aufsteigt, fast ganz weiblich, während der größere Strom, der durch Suschumnâ hindurchgeht, seine ursprüngliche Beschaffenheit beizubehalten scheint.

Die zweite Differenzierung, die diese Kraft während ihres Aufstieges durch das Rückgrat erleidet, besteht darin, daß sie von der Persönlichkeit des betreffenden Menschen aufs Innigste durchsetzt wird. Anscheinend tritt sie am Grunde als eine völlig neutrale Kraft ein und strömt dann am Scheitel als das besondere Nervenfluidum des betreffenden Menschen aus, das den Stempel seiner besonderen Eigenschaften und Idiosynkrasien trägt. Diese offenbaren sich in den Schwingungen jener Zentren im Rückgrat, die als die Wurzeln angesehen werden können, aus denen die „Stengel" der an der Oberfläche gelegenen Chakras entspringen.

DIE VERMÄHLUNG DER KRÄFTE.

Obzwar sich die Öffnung der blumenähnlichen Glocke des Chakra auf der Oberfläche des Ätherkörpers befindet, so entspringt der „Stengel" dieser trompetenförmigen „Blüte" stets einem Zentrum im Rückenmark, und wenn in den Werken der Hindus von den Chakras die Rede ist, so werden damit fast ausschließlich diese Zentren im Rückgrat und nicht die Erscheinungen gemeint, die sie an der Oberfläche hervorrufen. Jedes äußere Chakra ist durch einen meist abwärts gebogenen „Stengel" aus ätherischer Materie mit dieser Wurzel im Rückgrat verbunden (siehe Tafel VI.), und da so die „Stengel" aller Chakras vom Rückenmark ausgehen, strömt demgemäß auch die Kraft durch diese Stengel in die blumenartigen Gebilde auf der Oberfläche herab. Hier begegnet sie dem Einstrom des göttlichen Lebens und der Druck, der durch den Aufeinanderprall beider Kräfte entsteht, bewirkt, daß die nun miteinander vermengten Kräfte horizontal entlang der Speichen des Chakra ausstrahlen.

---

[7]) C. W. Leadbeater, „Das verborgene Leben in der Freimaurerei", S. 284 ff.

Da die Ströme der Kundalinî und der primären Kraft sich in entgegengesetzer Richtung drehen, reiben sie sich ungefähr wie die beiden Scheiben einer Wimshurst'schen Influenzmaschine aneinander, (obzwar sich diese in Wirklichkeit niemals ganz berühren), und es entsteht so ein bedeutender Druck. Dieser Vorgang wird symbolisch die „Vermählung" des göttlichen Lebens, das aktiv männlich ist, mit der immer als ausgesprochen weiblich angesehenen Kundalinî genannt, und die hieraus entspringende zusammengesetzte Energie ist dasjenige, was gewöhnlich der persönliche Magnetismus des Menschen genannt wird. Diese belebt dann die Nervengeflechte. die sich in der Nähe einiger Chakras befinden, und strömt längs aller Nerven des Körpers; ihr ist hauptsächlich die Aufrechterhaltung seiner Temperatur zu verdanken. Sie reißt dabei die „Vitalität" mit sich, die vom Milz-Chakra aufgenommen und differenziert wurde.

Wenn die beiden Kräfte sich, wie oben beschrieben, vereinigen, werden einige ihrer bezüglichen Moleküle in einer bestimmten Weise in einander geschoben. Die primäre Kraft scheint die Fähigkeit zu besitzen, von mannigfachen verschiedenen ätherischen Formen Besitz zu ergreifen; die von ihr gewöhnlich angenommene Form ist ein aus quadratisch angeordneten Atomen gebildetes Oktaeder, mit einem zentralen Atom, das beständig durch die Mitte des Grundquadrates und rechtwinklig dazu schwingt. Manchmal benützt sie auch ein ungemein aktives kleines Molekül, das aus drei Atomen besteht. Die Kundalinî hüllt sich häufig in einen flachen Ring von sieben Atomen, während das ebenfalls aus sieben Atomen bestehende Vitalitätskügelchen diese in einer Anordnung aufweist, die derjenigen der primären Kraft ähnelt, nur daß es statt eines Vierecks ein Sechseck bildet. In Abb. 5 werden diese Anordnungen dem Leser verdeutlicht.

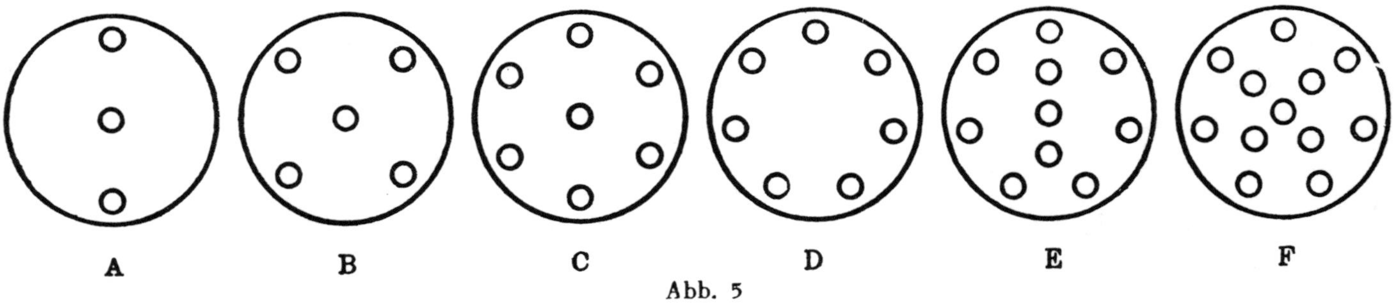

Abb. 5

A und B sind von der primären Kraft gebildete Formen, C die vom Vitalitätskügelchen und D die von Kundalinî angenommene Form. E veranschaulicht das Ergebnis der Kombination von A und D, F jenes von B und D. In A, B und C bewegt sich das mittlere Atom unausgesetzt in raschen Schwingungen rechtwinklig zur Fläche der Abbildung, wobei die Höhe, zu der es aufsteigt, den Durchmesser des Kreises übertrifft, und es sinkt dann bis zu einem ebenso großen Abstand von der Fläche abwärts; hiebei wiederholt es diese Bewegung mehrere Male in der Sekunde. (Selbstverständlich sind diese meine Angaben relativ und nicht buchstäblich gemeint; die Kugel, welche die Scheibe der Abbildung vorstellt, ist in Wirklichkeit so winzig klein, daß sie auch für das stärkste Mikroskop unsichtbar bleibt, doch ist das Verhältnis von Schwingung zu Größe so, wie ich es beschrieben habe). In D besteht die einzige Bewegung in einem steten Rundlauf entlang des Kreises; doch ist hier eine ungeheure Menge latenter Energie vorhanden, die sich sofort manifestiert, sobald die Kombinationen vor sich gehen, deren Darstellung in E und F versucht wird. Die positiven Atome in A und B setzen, wenn sie kombiniert wurden, ihre frühere heftige Tätigkeit fort, — deren Kraft in der Tat noch bedeutend verstärkt wird, — während die Atome in D, obwohl sie sich noch immer in dem gleichen Kreise bewegen, ihre Geschwindigkeit in so ungeheurem Maße beschleunigen, daß sie nicht mehr als einzelne Atome sichtbar sind, sondern als ein glühender Ring erscheinen.

Die ersten vier der oben beschrieben Moleküle gehören zu jenem Typus von Materie, den Frau Dr. Besant in dem Werke „Die okkulte Chemie" hyper-meta-proto-elementale Materie nennt, und man kann sie in der Tat mit einigen der von ihr in diesem Werke wiedergegebenen Kombinationen identifizieren. Die Kombinationen E und F aber, die schon Zusammensetzungen darstellen, sind, wie deshalb anzunehmen ist, auf der nächsten, von Frau Dr. Besant als „überätherisch" benannten Unterebene tätig und wären somit als „meta-proto-elementar-Materie" zu bezeichnen. Typus B findet sich viel häufiger vor als der Typus A und demgemäß kann man auch im Nervenfluidum, welches das Endergebnis der Vereinigung beider Kräfte darstellt, eine größere Anzahl von Kombinationen des Typus F als des Typus E feststellen. Dieses Nervenfluidum ist somit ein aus verschiedenen Elementen zusammengesetzter Strom, der jeden einzelnen der in Abb. 5 wiedergegebenen enthält — einfache und zusammengesetzte, vermählte und einzelne, „männliche und weibliche Junggesellen" und „Ehepaare", die alle zusammen aufwärts wirbeln

Die wunderbar energische Auf- und Abwärtsbewegung des zentralen Atoms in den Kombinationen E und F verleiht diesen innerhalb ihrer magnetischen Felder eine ganz ungewöhnliche Gestalt, die untenstehend abgebildet ist. (Abb. 6)

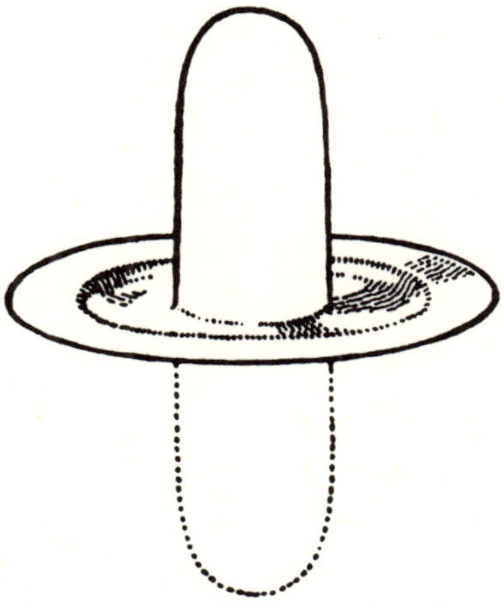

Abb. 6

Die obere Hälfte weist, wie es mir scheint, eine bemerkenswerte Ähnlichkeit mit dem Lingam auf, den man in Indien häufig vor den Schiva-Tempeln erblickt. Wie mir gesagt wurde, ist der

Lingam ein Symbol der schöpferischen Kraft, und die frommen Inder glauben, er erstrecke sich ebensoweit nach unten in die Erde wie nach oben; es würde mich deshalb interessieren, ob die alten Inder etwa eine Kenntnis von diesem besonders aktiven Molekül und der ungeheuer wichtigen Rolle besaßen, die es bei der Erhaltung des menschlichen und tierischen Lebens spielt, und ob sie diese Symbole als steinerne Dokumente ihres okkulten Wissens aufgerichtet haben.

DAS SYMPATHISCHE NERVENSYSTEM.

Nach der Aussage der Anatomen gibt es im menschlichen Körper zwei Nervensysteme: das cerebro-spinale und das sympathische Nervensystem. Ersteres beginnt mit dem Gehirn, setzt sich im Rückenmark fort und verzweigt sich vermittelst der Ganglien, die — jeweils zwischen zwei Wirbeln — Nerven aussenden, in alle Teile des Körpers. Das sympathische System besteht aus zwei Strängen, die ein wenig vor der Achse der Wirbelsäule gelagert, links und rechts von ihr fast deren ganzer Ausdehnung entlang verlaufen. Von den Ganglien dieser Stränge, die nicht ganz so zahlreich sind wie jene des Rückenmarks, gehen die sympathischen Nerven aus und bilden die geflechtartigen Systeme, die wir Plexen nennen. Diese sind Relais-Stationen vergleichbar, denen wieder kleinere Endganglien und Nerven entspringen. Diese beiden Systeme stehen aber durch eine sehr große Anzahl verbindender Nerven in einer so mannigfaltigen Wechselbeziehung, daß man sie sich nicht als zwei gesonderte Nervenorganisationen vorstellen darf. Neben diesen gibt es noch eine dritte Gruppe, der Nervus Vagus genannt, der in der Medulla oblongata entspringt und ganz unabhängig weit in den Körper hinabreicht, wobei er sich beständig mit den Nerven und Plexen der anderen Systeme vermischt.

In Tafel VI werden das Rückenmark, der linke sympathische Strang und der linke Vagusnerv veranschaulicht. Sie zeigt die Nervenverbindungen zwischen den spinalen und sympathischen Ganglien, sowie die Kanäle, durch welche die Nerven von letzeren ausgehen, um die wichtigsten Geflechte des sympathischen Systems zu bilden. Hiebei kann man bemerken, daß die Plexen die Tendenz zeigen, von den Ganglien, denen sie entspringen, herabzusinken. So stützt sich z. B. der Plexus coeliacus oder Solarplexus hauptsächlich auf den großen Eingeweidenerv, der — wie aus der Tafel ersichtlich — im fünften sympathischen Brustganglion entspringt, das wieder mit dem vierten spinalen Brustganglion in Verbindung steht. Dieses liegt beinahe in der gleichen horizontalen Ebene wie das Herz, der Nerv selbst aber steigt nach unten und verbindet sich mit den kleineren und kleinsten Eingeweidenerven, die von den unteren Brustganglien ausgehen, passiert dann das Zwerchfell und mündet in den Solarplexus ein. Es gibt auch noch andere Verbindungen zwischen diesem Plexus und den Hauptsträngen, die bis zu einem gewissen Grade aus der Tafel ersichtlich sind, doch sind sie zu verwickelter Natur, als daß sie hier beschrieben werden könnten. Die Hauptnerven, die in den Herzplexus einmünden, biegen sich in ähnlicher Weise abwärts. Beim Kehlkopfplexus ist nur eine ganz geringe Abbiegung wahrnehmbar, während das Geflecht bei der Halsschlagader von dem inneren Halsschlagadernerv aus sogar aufwärts steigt, der selbst wieder im oberen sympathischen Halsganglion entspringt.

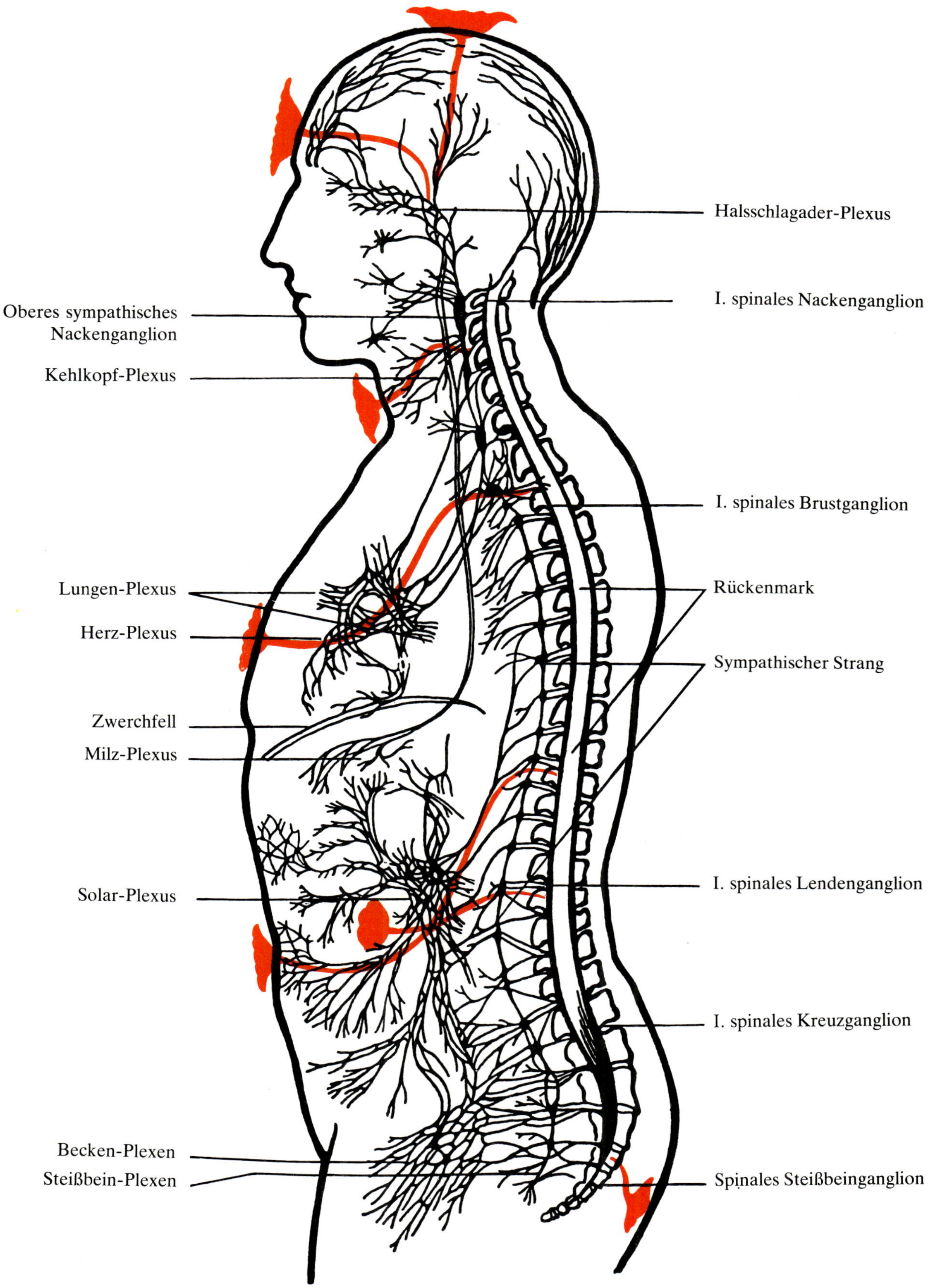

DIE CHAKRAS UND DAS NERVENSYSTEM

DIE ZENTREN IM RÜCKGRAT.

Auch die ätherischen „Stengel", welche die „Blumen" oder Chakras auf der Oberfläche des Ätherkörpers mit den ihnen entsprechenden Zentren im Rückgrat verbinden, weisen eine ähnliche Beugung nach unten auf; ihre ungefähre Lage ist in Tafel VI in roter Farbe angedeutet und in Tabelle II im Einzelnen angeben. Um die sympathischen Plexen in ihrer Relais-artigen Funktion zu unterstützen, wird ihnen auf dem Wege der radialen Speichen der Chakras eine Kraftverstärkung zuteil; demnach scheint es mir nach dem heutigen Stande unserer Kenntnis übereilt, die Chakras mit den Plexen zu identifizieren, wie dies einige Autoren anscheinend getan haben.

NAME DES CHAKRA	LAGE AN DER OBERFLÄCHE DES ÄTHERKÖRPERS	UNGEFÄHRE LAGE DES RÜCKEN-MARK-ZENTRUMS	SYMPATHISCHE GEFLECHTE	WICHTIGSTE NEBEN-GEFLECHTE
Wurzel-	Basis der Wirbelsäule	4. Kreuz-Ganglion	Steißbein-Geflecht	—
Milz-	Ueber der Milz	1. Lenden-Ganglion	Milz-Geflecht	—
Nabel-	Ueber dem Nabel	8. Brust-Ganglion	Bauch- oder Sonnengeflecht	Leber-, Pförtner-, Magen-, Gekröse-Geflecht
Herz-	Ueber dem Herzen	8. Nacken-Ganglion	Herz-Geflecht	Lungen-, Kranz-Geflecht etc.
Hals-	Am Halse	3. Nacken-Ganglion	Kehlkopf-Geflecht	—
Stirn-	An den Augenbrauen	1. Nacken-Ganglion	Halsschlagader-Geflecht	Cavernöses Geflecht, Kopfganglion im Allgem.

Tabelle II.

Die Unterleib- sowie die Beckengeflechte stehen zweifellos in irgend einer Verbindung mit dem nahe den Zeugungsorganen gelegenen Swadisthana-Chakra, das in indischen Werken erwähnt, in unserem Entwicklungsschema aber nicht gebraucht wird. Die in diesem Körperteil angehäuften Geflechte scheinen, soweit es sich um bewußte Tätigkeit handelt, vorwiegend dem Sonnengeflecht untergeordnet zu sein, da sie und das Milzgeflecht mit ihm durch zahlreiche Nerven sehr eng verbunden sind.

Das Scheitel-Chakra steht in keiner Verbindung mit irgend einem sympathischen Geflecht des physischen Körpers, sondern ist, wie wir im vierten Kapitel sehen werden, der Zirbeldrüse und dem Schleimkörper zugeordnet. Es steht auch zur Entwicklung des Gehirns und des cerebro-spinalen Nervensystems in Beziehung.

Ueber den Ursprung des sympathischen und cerebro-spinalen Nervensystems und ihre gegenseitigen Beziehungen schreibt Frau Dr. A. Besant in ihrem Werke „Eine Studie über das Bewußtsein", wie folgt:

„Wir wollen nun betrachten, wie der Aufbau des Nervensystems durch die Schwingungsantriebe vom Astralen „aus beginnt und weiter fortschreitet. Wir finden eine kleine Gruppe von Nervenzellen mit winzigen Auswüchsen, „die sie verbinden. Diese Gruppe ist durch die Tätigkeit eines Zentrums entstanden, das zuerst im Astralkörper auf- „trat — eine Ansammlung von Astralmaterie zum Zweck der Bildung eines Zentrums, um Antriebe von außen zu „empfangen und auf sie zu reagieren. Von diesem astralen Zentrum gehen Schwingungen zum ätherischen Körper „über, rufen dort kleine ätherische Wirbel hervor, die Teilchen dichter physischer Materie in sich hineinziehen und „schließlich eine Nervenzelle und Gruppen von Nervenzellen bilden. Diese physischen Zentren empfangen Schwingun- „gen von der Außenwelt, leiten diese Antriebe zu den astralen Zentren weiter und verstärken dadurch deren Schwin- „gungen; so wirken die physischen und astralen Zentren auf einander ein und werden dadurch komplizierter und „wirkungsvoller. Wenn wir die Entwicklung im Tierreich aufwärts verfolgen, finden wir, daß sich das physische Ner- „vensystem fortwährend vervollkommnet und mehr und mehr zum herrschenden Faktor im Körper wird. Dieses zuerst „entstandene System wird in den Wirbeltieren zum sympathischen System, das die lebenswichtigen Organe — Herz, „Lunge und Verdauungstrakt — beherrscht und belebt. Neben ihm entwickelt sich langsam das cerebro-spinale „System, das in seiner Tätigkeit auf niederer Stufe eng mit dem sympathischen verbunden ist; allmählich nimmt es „aber eine immer dominierendere Stellung ein, während dessen es in seiner hauptsächlichen Entwicklungslinie zu dem „Werkzeuge wird, durch das sich das Wachbewußtsein normalerweise ausdrückt. Das cerebrospinale System wird durch „Antriebe aufgebaut, die ihren Ursprung nicht in der astralen, sondern in der mentalen Ebene haben, und es ist mit „dem Astralen nur mittelbar durch das sympathische System verbunden, das vom Astralen aus aufgebaut wurde." [8])

DIE VITALITÄT.

Wir alle kennen das Gefühl der Freude und des Wohlbehagens, das vom Sonnenlicht in uns erregt wird; aber nur Erforscher des Okkultismus können die Gründe für diese Empfindung in vollem Umfang erkennen. Gleichwie die Sonne ihr System mit Licht und Wärme durchflutet, ebenso sendet sie ihm beständig eine andere, von der modernen Wissenschaft bisher noch nicht geahnte Kraft zu, — die „Vitalität" genannt worden ist. Diese Kraft strahlt auf allen Ebenen aus und offenbart sich in jedem Bereiche — dem physischen, dem emotionellen, dem mentalen und den übrigen, — aber wir wollen uns gegenwärtig nur mit ihrer Erscheinung auf der niedrigsten Ebene beschäftigen, wo sie in einzelne physische Atome eintritt, ihre Tätigkeit ungeheuer steigert, sie belebt und zum Glühen bringt.

Wir dürfen diese Kraft nicht mit der Elektrizität verwechseln, obwohl sie dieser in mancher Hinsicht ähnelt, denn ihre Wirkungsweise unterscheidet sich in vielen Beziehungen von der der Elektrizität, des Lichtes oder der Wärme. Einige Abarten letzterer Kraftäußerung versetzen das Atom als Ganzes in Schwingung, deren Ausschlag die Größe des Atoms ungeheuer übersteigt. Die andere Kraft aber, die wir Vitalität nennen, erfaßt das Atom nicht von außen, sondern von innen her.

---

[8]) A. Besant, Eine Studie über das Bewußtsein, S. 96. (Leipzig 1906.)

DAS VITALITÄTS-KÜGELCHEN.

Das Atom selbst ist nichts anderes als die Äußerung einer Kraft; der Wille der Sonnengottheit ist auf eine bestimmte Form gerichtet, die wir ein physisches Uratom nennen (Abb. 7), und durch diese Anspannung IHRES Willens werden in dieser besonderen Form ungefähr vierzehntausend Millionen „Blasen im Koilon" zusammengehalten. Es muß ausdrücklich auf die Tatsache hingewiesen werden, daß die Kohäsion der Blasen innerhalb dieser Form ausschließlich von jener Willensanstrengung abhängt; würde diese einen einzigen Augenblick nachlassen, so müßten die Bläschen wieder auseinander fallen und die gesamte physische Welt würde im Nu zu existieren aufhören. So

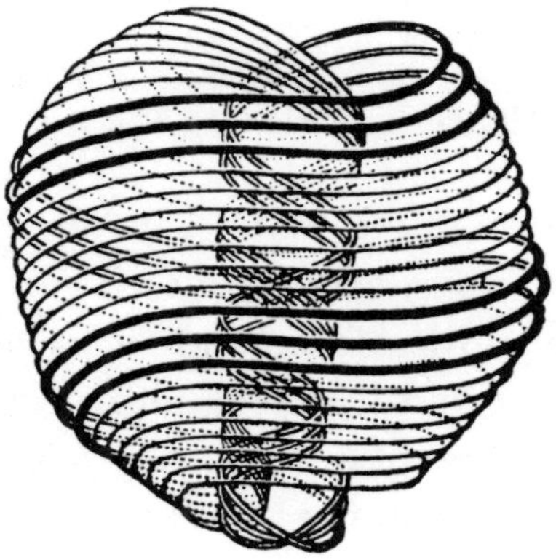

Abb. 7

wahr ist der Satz, daß die ganze Welt selbst von diesem Standpunkt aus bloße Illusion ist, von der Tatsache ganz zu schweigen, daß die Blasen, die das Atom aufbauen, selbst ja nur Hohlräume im Koilon, dem wahren Äther des Raumes sind!

Es ist also die beständig ausgeübte Willenskraft der Sonnengottheit, die das Atom als solches zusammenhält, und wenn wir die Wirkungsweise dieser Kraft untersuchen, so sehen wir, daß sie nicht von außen her in das Atom eindringt, sondern in dessen Innerem aufquillt, was besagt, daß sie aus höheren Dimensionen her eintritt. Das gleiche gilt für jene andere Kraft, die wir Vitalität nennen; sie tritt in das Atom von innen her auf demselben Wege wie die Kraft ein, die es zusammenhält, statt, wie im Falle anderer Kraftgattungen, die wir Licht, Wärme, Elektrizität nennen, völlig von außen darauf einzuwirken.

Wenn die Vitalität so innerhalb des Atoms aufquillt, führt sie ihm mehr Leben zu und verleiht ihm eine Anziehungskraft, vermöge deren es sofort sechs weitere Atome in einer bestimmten Anordnung um sich lagert und so, wie oben erwähnt, ein subatomisches oder hyper-meta-proto-Element bildet. Dieses Element aber unterscheidet sich von allen übrigen bisher beobachteten Atomverbindungen dadurch, daß die Kraft, die es hervorruft und zusammenhält, vom zweiten Aspekt der Sonnengottheit statt vom dritten herkommt. Dieses Vitalitätskügelchen (Abb. 5c) ist jene kleine Gruppe, welche die außerordentlich strahlenden Perlen in der männlichen oder positiven Spirale des chemischen Elementes Sauerstoff bildet, und es ist auch das Herz in der zentralen Kugel des Radium-Atomes [9]).

Diese Kügelchen fallen vor allen anderen Körperchen, die man in der Atmosphäre schweben sehen kann, durch ihren Glanz und ihre außerordentliche Lebendigkeit, das intensiv aktive Leben, das sie bekunden, ganz besonders auf. Wahrscheinlich sind sie die „feurigen Leben", die Frau Blavatsky so oft erwähnt, wie z. B. in ihrer „Geheimlehre", wo sie in Band I. schreibt:

„Man lehrt uns, daß jede physiologische Veränderung . . . . . ja das Leben selbst oder vielmehr die gegenständlichen Erscheinungen des Lebens, die durch gewisse Bedingungen und Veränderungen in den Geweben des Körpers hervorgebracht werden, die es dem Leben gestatten und es zwingen, in diesem Körper zu wirken, — daß alles dieses jenen unsichtbaren „Schöpfern" und „Zerstörern" zuzuschreiben ist, die auf so ungenaue, verallgemeinernde Art Mikroben genannt werden. Man könnte annehmen, daß diese „feurigen Leben" und die Mikroben der Wissenschaft ein und dasselbe sind. Das ist nicht wahr. Diese „feurigen Leben" sind die siebente und höchste Unterabteilung auf der stofflichen Ebene und entsprechen im Individuum dem einen Leben des Weltalls, wenn auch nur auf dieser Ebene des Stoffes." [10])

Während nun die Kraft, welche diese Kügelchen belebt, sich vom Licht durchaus unterscheidet, so scheint die Möglichkeit ihrer Manifestierung dennoch von der Gegenwart des Lichtes abzuhängen. Im strahlenden Sonnenscheine quillt diese Vitalität beständig neu auf und es bilden sich die Kügelchen mit großer Geschwindigkeit und in unglaublichen Mengen; bei bewölktem Himmel dagegen ist eine starke Abnahme in der Anzahl der Kügelchen zu bemerken, und während der Nacht ist, soweit wir festzustellen vermocht haben, der Vorgang ihrer Bildung vollständig eingestellt. Man kann daher sagen, daß wir in der Nacht von dem Vorrat leben, der am vorangegangenen Tage erzeugt wurde; und obwohl es praktisch unmöglich erscheint, daß dieser Vorrat jemals ganz erschöpft werden könnte, ist er doch während einer langen Reihe von trüben Tagen augenscheinlich geringer. Wenn das Kügelchen einmal geladen wurde, bleibt es als unteratomisches Element [11]) bestehen und scheint keiner Veränderung und keinem Kraftverlust unterworfen zu sein, solange es nicht von einem lebenden Wesen absorbiert wird.

DER ZUSTROM DER VITALITÄTS-KÜGELCHEN.

Gleichwie Wärme und Licht strahlt die Sonne auch die Lebenskraft ohne Unterlaß aus, aber oft tauchen Hindernisse auf, die bewirken, daß nicht die volle Energiemenge die Erde erreicht. In den kalten und unfreundlichen Klimaten, die fälschlich die gemäßigten genannt werden, bedeckt

---

[9]) Näheres hierüber siehe: „Die okkulte Chemie" von A. Besant und C. W. Leadbeater, Leipzig. (Anm. d. Übers.)

[10]) a. a. O. Seite 282/83.

[11]) Es werden sieben Unterebenen oder Aggregatzustände der physischen Materie unterschieden: fest, flüssig, gasförmig, ätherisch, überätherisch, unteratomisch und atomisch. (Näheres siehe: C. Jinarajadasa, Grundlagen der Theosophie, Düsseldorf, Ernst Pieper Ring-Verlag 1926, und „Die okkulte Chemie".) D. Übers.

DAS HALS-CHAKRA

nur zu oft ein Leichentuch von schweren Wolken tagelang den Himmel und beeinträchtigt die Lebenskraft in gleichem Maße wie das Licht; zwar kann das Durchfließen der Kraft nicht gänzlich verhindert werden, doch wird deren Menge dadurch sehr fühlbar verringert. Daher sinkt bei trübem und dunklem Wetter die Vitalität und alle lebendige Kreatur befällt eine instinktive Sehnsucht nach Sonnenschein.

Wenn so die vitalisierten Atome spärlicher gesät sind, erhöht ein Mensch von robuster Gesundheit seine Absorbtionsfähigkeit, entnimmt die Lebenskraft einem ausgedehnteren Bereich und erhält so seine Kräfte auf dem normalen Niveau; Invalide aber und Menschen mit geringer Nervenkraft, die dies nicht imstande sind, leiden oft schwer und fühlen sich ohne erkennbaren Grund schwächer und reizbarer. Aus ähnlichen Ursachen ebbt die Lebenskraft im Winter im Vergleich zum Sommer ab; denn selbst, wenn der kurze Wintertag sonnig ist, was selten vorkommt, haben wir immer noch der langen düsteren Winternacht Trotz zu bieten, während der wir von der Menge an Lebenskraft zehren müssen, die tagsüber in unserer Atmosphäre aufgespeichert wurde. Andererseits wird während eines langen, sonnigen und wolkenlosen Sommertages die Atmosphäre so ausgiebig mit Lebenskraft geladen, daß die kurze Nacht kaum ins Gewicht fällt.

Aus dem Studium dieses Problems der Lebenskraft muß der Okkultist unfehlbar erkennen, daß, ganz abgesehen von der Temperatur, das Sonnenlicht einen der wichtigsten Faktoren zur Erlangung und Erhaltung vollkommener Gesundheit darstellt und daß dessen Mangel durch nichts anderes völlig aufgewogen werden kann. Diese Lebenskraft ergießt sich nicht nur auf die physische, sondern ebenso auch auf alle anderen Welten; falls daher auch in den anderen Beziehungen befriedigende Bedingungen herrschen, wird es auch mit unseren Gefühlen, Gedanken und unserer Geistigkeit augenscheinlich am besten bestellt sein, wenn wir uns eines klaren Himmels und der unschätzbaren Hilfe des Sonnenlichtes erfreuen.

PSYCHISCHE KRÄFTE.

Die drei schon erwähnten Kräfte, die Primärkraft, die Vitalität und Kundalinî stehen mit dem Gedanken- und Gefühlsleben des Menschen nicht in unmittelbarer Verbindung, sondern nur mit seinem körperlichen Wohlbefinden. Es gibt aber auch Kräfte, die in die Chakras einfließen und psychischer und geistiger Natur sind. Die beiden ersten Chakras weisen solche nicht auf, aber das Nabelchakra und die übrigen höheren Zentren im Körper sind Eingangspforten für Kräfte, die auf das menschliche Bewußtsein einwirken.

In einem Aufsatze über Gedankenzentren, der in dem Werke „Das innere Leben“ enthalten ist, setzte ich auseinander, daß Gedanken-Ansammlungen ganz bestimmte Dinge sind, die einen gewissen Platz im Raume einnehmen. Gedanken gleicher Beschaffenheit und über den gleichen Gegenstand haben die Neigung, sich zu einer Masse zu vereinigen; daher gibt es für viele Gegenstände ein Gedankenzentrum in einem bestimmten Raume der Atmosphäre, das Gedanken gleicher Art anzieht und so sein Ausmaß und seinen Einfluß vergrößert. Ein Denker kann auf diese Weise zur Stärkung eines solchen Zentrum beitragen, andererseits aber auch dadurch beeinflußt werden; und dies ist einer der Gründe, warum die Menschen herdenweise gleich Schafen denken. Einem Menschen von träger Denkungsart fällt es eben viel leichter, einen schon fertigen Gedanken eines anderen anzunehmen, als sich der mentalen Arbeit zu unterziehen, die verschiedenen Aspekte eines Gegenstandes zu erwägen und so zu einer selbständigen Entscheidung zu gelangen.

So wie dies auf der Mentalebene hinsichtlich der Gedanken zutrifft, stimmt es auch mit entsprechenden Abänderungen hinsichtlich der Gefühle auf der Astralebene. Die Gedanken durchschießen wie Blitze die feine Materie der Mentalebene, sodaß alle Gedanken, die in der Welt einen bestimmten Gegenstand betreffen, sich leicht an einem Punkte sammeln und doch von jedem, der über den gleichen Gegenstand nachdenkt, erreicht und angezogen werden können. Die astrale Materie, die zwar soviel feiner ist als die physische, besitzt eine größere Dichte als der Stoff der Mentalebene; die großen Wolken der „Gefühlsformen", die auf der Astralebene durch starke Gefühle entstehen, fließen nicht alle zu einem Weltzentrum zusammen, aber sie verschmelzen mit anderen benachbarten Formen gleicher Beschaffenheit, sodaß ungeheuer große und sehr machtvolle „Gefühlsmassen" fast überall umherfluten, und es kann so ein Mensch leicht mit ihnen in Berührung kommen und durch sie beeinflußt werden.

Mit dem von uns hier behandelten Gegenstande hat dies alles insofern zu tun, als diese Einflüsse sich durch Vermittlung des einen oder anderen Chakras auswirken. Betrachten wir, um uns dies klar zu machen, einen von Furcht erfüllten Menschen. Wer mein Werk „Der sichtbare und unsichtbare Mensch" gelesen hat [12]), wird sich an das Aussehen des Astralkörpers eines solchen Menschen erinnern, wie es aus Tafel XIV jenes Buches ersichtlich ist.

Die Schwingungen, die ein Astralkörper in dieser Verfassung ausstrahlt, werden sogleich alle Furchtwolken anziehen, die sich gerade in der Nähe befinden; wenn nun der Mensch sich rasch ermannen und seine Furcht bemeistern kann, werden diese Wolken grollend wieder zurückrollen; wenn aber das Gefühl der Furcht bestehen bleibt oder gar anwächst, dann werden sie die in ihnen angesammelte Energie entladen und durch sein Nabelchakra in ihn einströmen lassen und seine Angst wird zum besinnungslosen panischen Schrecken gesteigert, in dem der Mensch so seine Selbstbeherrschung gänzlich verliert und so blindlings in irgendeine Gefahr hineinrennt. Ebenso zieht auch jemand, der in Aufregung gerät, Wolken von Zorn an und setzt sich dadurch einem Einstrom von Gefühlen aus, die seine Entrüstung in wahnsinnige Wut verwandeln, sodaß er in eine Verfassung gerät, in der er, fast ohne es selbst zu wissen, unter einem unwiderstehlichen Impuls einen Mord begehen kann. In ähnlicher Weise könnte ein zu Depressionen neigender Mensch in einen fürchterlichen Zustand andauernden Trübsinns verfallen, oder ein von tierischen Begierden Ergriffener würde vorübergehend ein Ungeheuer von Wollust und Sinnlichkeit werden und unter diesem Einfluß Verbrechen begehen, an die zu denken ihn, wenn er wieder zur Besinnung gelangt, mit Entsetzen erfüllen würde.

---

[12]) C. W. Leadbeater, „Der sichtbare und unsichtbare Mensch",

Neuauflage beim Hermann Bauer Verlag, Freiburg i. Br.

Alle derartigen höchst unerwünschten Strömungen gelangen durch das Nabel-Chakra in den Menschen. Doch gibt es glücklicherweise auch andere, höhere Möglichkeiten. So kann ein Mensch, der die edlen Regungen der Liebe und Hingebung empfindet, Wolken dieser Gefühle anziehen, und vermittels des Herz-Chakras eine wunderbare Steigerung dieser Empfindungen empfangen, wie dies in dem Buche „Der sichtbare und unsichtbare Mensch“ auf Tafel XI und XII abgebildet ist.

Die Beschaffenheit der Gemütserregung, die durch das Nabel-Chakra einwirkt, ist in Frau Dr. Besants Werke „Eine Studie über das Bewußtsein“ angedeutet, wo sie die Gemütserregungen in die zwei Klassen der Liebe und des Hasses einordnet. Alle, die unter die Klasse des Hasses fallen, wirken durch das Nabel-Chakra, jene aber, die unter die Klasse der Liebe fallen, durch das Herz-Chakra. Sie schreibt dort:

„Wir haben gesehen, daß das Verlangen zwei Haupt-Ausdrucksweisen aufweist: den Wunsch, anzuziehen, um zu besitzen oder auch um mit irgendeinem Gegenstand in Berührung zu kommen, der schon früher Freude bereitet hat, und den Wunsch, abzustoßen, fortzutreiben oder auch die Berührung mit einem Gegenstande zu vermeiden, der früher schon Leid gebracht hat. Und so sahen wir, daß Anziehung und Abstoßung die beiden Formen des Verlangens sind, die das Selbst beherrschen.

Die Emotion, also ein vom Intellekt durchsetztes Verlangen, zeigt unausbleiblich dieselbe Zweiteilung. Die Emotion, die den Charakter der Anziehung trägt, die die Dinge in Freude zu einander zieht, die erhaltende, integrierende Kraft im Weltall, wird Liebe genannt. Die Emotion, die den Charakter der Abstoßung trägt, die die Dinge in Unlust auseinander treibt, die zerstörende, desintegrierende Kraft im Weltall, wird Haß genannt. Dies sind die beiden Stämme, die aus der Wurzel des Verlangens entsprießen, und alle Verzweigungen der Gemütserregungen lassen sich auf einen der beiden zurückführen.

Die charakteristischen Züge des Verlangens und der Emotion sind daher identisch. Auch die Liebe sucht die anziehenden Gegenstände an sich zu bringen oder ihnen nachzugehen, um von ihnen Besitz zu ergreifen oder von ihnen besessen zu werden. So wie das Verlangen bindet auch sie durch Freude, durch das Glücksgefühl. Ihre Bande sind freilich dauernder, komplizierter, aus zarteren und zahlreicheren, in größerer Mannigfaltigkeit miteinander verwobenen Fäden gewirkt, aber das Wesen der „Verlangensanziehung“, das Zusammenketten zweier Gegenstände, ist auch das Wesen der „Emotionsanziehung“, der Liebe. Und so sucht auch der Haß den abstoßenden Gegenstand von sich zu treiben oder vor ihm zu fliehen, um von ihm getrennt zu sein, um ihn zurückzustoßen oder zurückgestoßen zu werden. Er trennt durch Unlust, durch das Gefühl des Unglücklichseins. Und so ist das Wesen der „Abstoßung des Verlangens“, das Auseinandertreiben zweier Dinge, auch das Wesen der „Abstoßung der Emotion“, — des Hasses. Liebe und Haß sind nur die beiden mehr ausgearbeiteten und vom Denken durchströmten Formen des einfachen Verlangens, zu besitzen oder abzuweisen.“ [13])

An einer späteren Stelle legt Frau Dr. Besant dar, daß jede dieser beiden großen Emotionen wieder eine dreifache Unterteilung erfährt, je nachdem der Mensch, den sie beseelt, sie stark oder schwach empfindet.

„Liebe, die herabblickt, ist Wohlwollen; Liebe, die aufwärts blickt, ist Verehrung. Dies sind die verschiedenen gemeinsamen Charakterzüge der Liebe des Höheren zum Niedern und der Liebe des Niederen zum Höheren.

Die normalen Beziehungen zwischen Mann und Weib, zwischen Brüdern und Schwestern bieten uns ein Feld zum Studium der Liebe zwischen Gleichen. Wir sehen die Liebe sich als gegenseitige Zärtlichkeit und gegenseitiges Vertrauen zeigen, als Rücksichtsnahme, als Achtung und als Wunsch, zu gefallen, als schnelles Verständnis für die Wünsche des anderen und als Bemühen, sie zu erfüllen, als Großherzigkeit und Nachgiebigkeit. Die Elemente der Liebe-Emotion zwischen Höherem und Niederen finden sich so auch hier, aber alle tragen sie den Stempel der Gegenseitigkeit. So können wir sagen, daß der gemeinsame Charakterzug der Liebe zwischen Gleichen der Wunsch ist, sich gegenseitig zu helfen.

---

[13]) a. a. O., Seite 207 f.

So haben wir Wohlwollen, gegenseitige Hilfsbereitschaft und Verehrung als die drei Hauptabteilungen der Liebes-Emotion gefunden, unter die sich alle Liebes-Emotionen einordnen lassen. Denn alle menschlichen Beziehungen können sich unter die folgenden drei Klassen gruppieren: Beziehungen von Höheren zu Niederen, von Gleichen zu Gleichen und von Niederen zu Höheren.'

Sie erklärt dann die Haß-Emotionen in der gleichen Weise:

„Haß, der nach unten blickt, ist Verachtung, Haß, der nach oben blickt, ist Furcht. Aehnlich zeigt sich der Haß unter Gleichen als Zorn, Streitsucht, Geringschätzung, Heftigkeit, Schadenfreude, Eifersucht, Trotz usw., alles Gemütsbewegungen, die den Menschen vom Menschen trennen, wenn sie als Nebenbuhler, als Rivalen einander gegenüberstehen, statt miteinander Hand in Hand zu gehen. Der gemeinsame Charakterzug des Hasses zwischen Gleichen ist daher gegenseitige Schädigung, und die drei Hauptcharakterzüge der Haß-Emotion sind Verachtung, Wunsch sich gegenseitig zu schaden, und Furcht.

Das Merkmal der Liebe in allen ihren Offenbarungsformen ist Mitgefühl, Selbstopfer, der Wunsch, zu geben; dies sind ihre wesentlichen Elemente, mag sie nun Wohlwollen, Wunsch nach gegenseitiger Hilfe oder Verehrung sein. Denn alle diese drei dienen unmittelbar der Anziehung, bewirken eine Vereinigung, sind der wahren Natur der Liebe entsprungen. Deshalb stammt auch die Liebe aus dem G e i s t ; denn Sympathie heißt, für einen anderen ebenso zu fühlen, wie man für sich selbst empfindet, Selbstopfer ist die Anerkennung der Ansprüche des anderen als wären es die eigenen, und Geben ist die Bedingung des geistigen Lebens. So sehen wir, daß die Liebe dem Geiste, der L e b e n s s e i t e des Weltalls angehört.

Haß andererseits charakterisiert sich in allen seinen Erscheinungen durch Antipathie, Selbstsucht, den Wunsch, zu nehmen. Dies sind seine wesentlichen Elemente, mag er nun Verachtung, Wunsch, einander zu schaden, oder Furcht sein. Alle diese dienen unmittelbar der Abstoßung und bewirken, daß einer vom anderen geschieden wird. Haß entstammt so der M a t e r i e ; er betont Mannigfaltigkeit und Verschiedenheit, ist seinem Wesen nach Absonderung und gehört der F o r m s e i t e des Weltalls an." [14])

[14]) a. a. O., Seite 209 f.

DRITTES KAPITEL

DIE AUFNAHME DER VITALITÄT

DRITTES KAPITEL

DIE AUFNAHME DER VITALITÄT

DAS KÜGELCHEN.

Obwohl das Vitalitätskügelchen unvorstellbar klein ist, wird es doch infolge seines strahlenden Glanzes oft auch von Menschen wahrgenommen, die nicht im gewöhnlichen Sinne des Wortes hellsichtig sind. Gar mancher, der — insbesondere auf dem Meere — den Blick gegen den Horizont richtet, wird im Luftraum eine Menge winzigster Lichtpunkte wahrnehmen, die mit erstaunlicher Schnelligkeit in allen Richtungen umherschießen. Dies sind die Vitalitätskügelchen, — die „feurigen Leben" ,die, wie Abb. 5c zeigt, aus je sieben physischen Uratomen bestehen und mit der von den Hindus „Prâna" genannten Kraft geladen sind. Es ist zwar oft außerordentlich schwierig, die genaue Schattierung der Bedeutung mit Sicherheit zu erfassen, die diesen Sanskrit-Ausdrücken zukommt, da sich die indische Methode, diesen Problemen näher zu kommen, von der unsrigen so ganz und gar unterscheidet. Doch kann man, wie ich glaube, Prâna mit Sicherheit als das Äquivalent für unsere Vitalität annehmen.

Wenn das Kügelchen in dieser strahlenden Erscheinung in der Luft umherblitzt, ist es fast farblos und leuchtet in einem weißen oder schwach goldenen Licht. Sobald es aber in den Wirbel des Kraftzentrums oberhalb der Milz gezogen wird, erfährt es eine Zerlegung und spaltet sich in sieben verschieden gefärbte Ströme, die aber in ihren Farben unserer Einteilung der Spektralfarben nicht ganz entsprechen. Die Atome, aus denen es sich zusammensetzte, werden in dem Wirbel herumgeschleudert und dabei wird je eines von einer der sechs Speichen erfaßt, sodaß alle gelbfarbigen Atome entlang der einen Speiche gleiten, alle grünfarbigen entlang einer anderen, usw., während das siebente im Zentrum des Wirbels gleichsam durch die Achse des Rades verschwindet. Diese so entstandenen verschiedenfarbigen Strahlen verteilen sich dann in verschiedene Richtungen, um die besonderen Funktionen zu erfüllen, die jedem einzelnen in der Versorgung des ganzen Körpers mit Vitalität obliegen. In Tafel VIII sind die Bahnen schematisch wiedergegeben, auf denen das zerstreute Prâna den Körper durchläuft.

Wie ich schon hervorgehoben habe, sind die Farben der verschiedenen Teile des Prâna nicht ganz genau die Farben unseres gewöhnlichen Sonnenspektrums, sondern sie entsprechen eher der

Farbenordnung, wie sie sich auf den höheren Ebenen in den Kausal-, Mental- und Astralkörpern zeigt[15]). Das Indigo des Sonnenspektrums verteilt sich hier auf den blauen und den violetten Strahl, sodaß sich nur zwei gesonderte Farbenabstufungen, statt drei, ergeben; dagegen teilt sich unser Rot in zwei gesonderte Abstufungen, in rosarot und dunkelrot. — Die sechs Ausstrahlungen entlang der Speichen sind daher: violett, blau, grün, gelb, orange und dunkelrot, während die siebente, das rosarote Atom — genauer eigentlich die erste, weil dieses das Ursprungsatom ist, in dem sich die Kraft zuerst äußert — durch die Mitte des Wirbels hindurchgeht. Die Vitalität ist somit von ausgesprochen siebenfältiger Beschaffenheit; da aber nach dem Verlassen des Milz-Zentrums Blau und Violett und ebenso Orange und Dunkelrot sich zu je einem Strom vereinigen, fließt sie in fünf Hauptströmen durch den Körper, wie dies auch in manchen indischen Werken beschrieben wird. (Siehe Tafel VIII).

DER VIOLETT-BLAUE STRAHL.

1. Der violett-blaue Strahl schießt zur Kehle empor, wo er anscheinend in drei Teilstrahlen zerlegt wird: der lichtblaue Strahl bleibt zurück, um das Kehlkopf-Zentrum zu durchströmen und zu beleben, während der dunkelblaue und der violette weiter in das Gehirn fließen. Der dunkelblaue Strahl erschöpft sich in dem unteren und mittleren Teile des Gehirns, während der violette den oberen Teil durchflutet und anscheinend dem Zentrum am Scheitel besondere Kraft verleiht, wobei er sich hauptsächlich durch die neunhundertsechzig „Blumenblätter" verteilt, die den äußeren Teil dieses Zentrum bilden.

DER GELBE STRAHL.

2. Der gelbe Strahl wendet sich dem Herzen zu; nachdem er sich dort ausgewirkt hat, geht jedoch ein Teil zum Gehirn weiter, und durchtränkt es, wobei er sich hauptsächlich auf die zwölfblättrige „Blume" in der Mitte des höchsten Zentrums richtet.

DER GRÜNE STRAHL.

3. Der grüne Strahl durchflutet den Unterleib: er hat im Besonderen sein Zentrum im Sonnengeflecht und belebt im Allgemeinen die Leber, die Nieren, die Eingeweide und den übrigen Verdauungsapparat.

---

[15]) Näheres hierüber siehe: C. W. Leadbeater „Der sichtbare und unsichtbare Mensch" und „Gedankenformen" von A. Besant und C. W. Leadbeater, Leipzig. (Anm. d. Übers.)

Neuauflage beim Hermann Bauer Verlag, Freiburg i. Br.

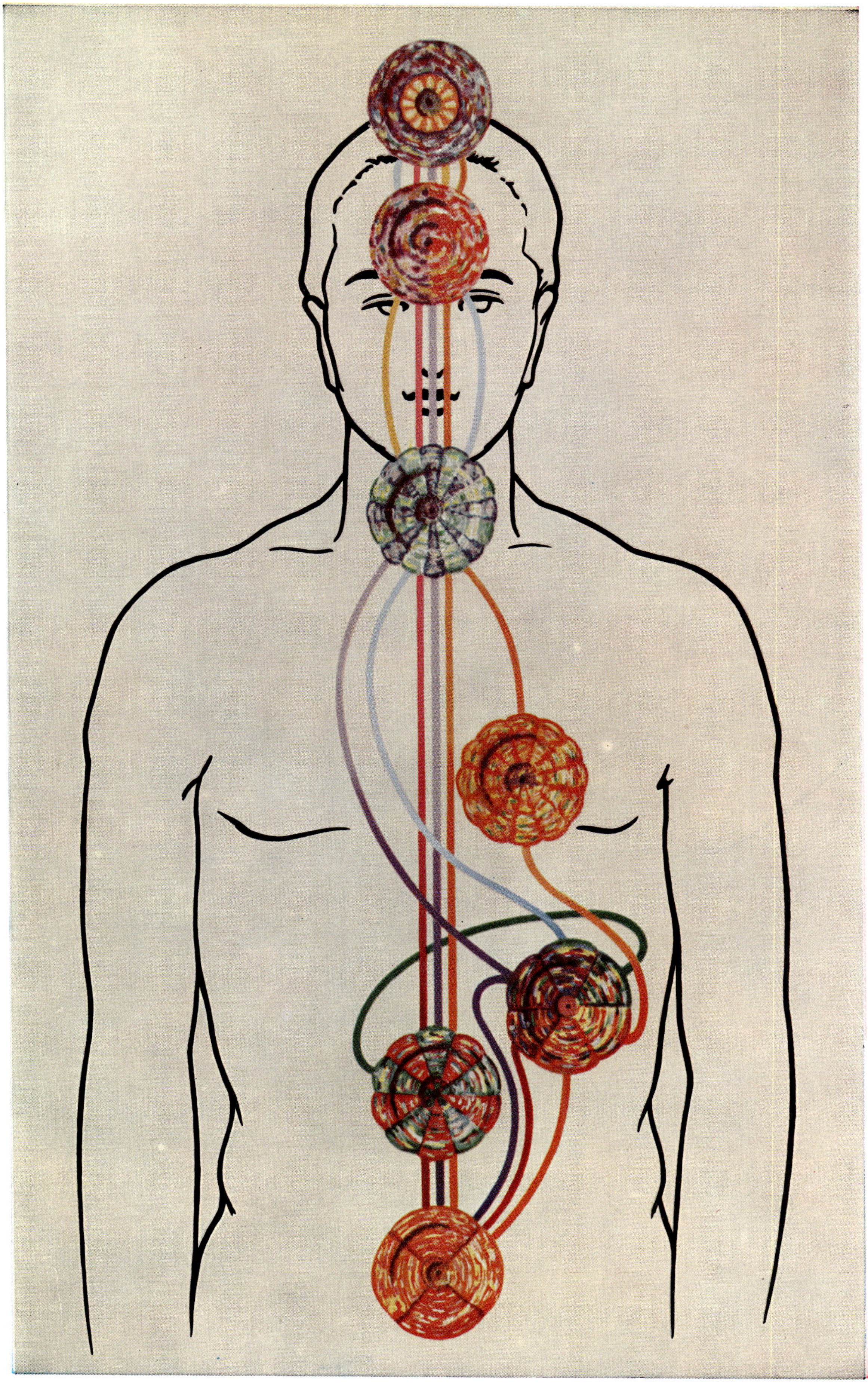

DIE STRÖME DER VITALITÄT

DER ROSAROTE STRAHL.

4. Der rosafarbene Strahl eilt längs der Nerven durch den ganzen Körper und ist unverkennbar das Leben des Nervensystems. Er ist die besondere Lebenskraft, die ein Mensch leicht in einen anderen auszuströmen vermag, in dem sie nicht im genügendem Maße vorhanden ist. Wenn die Nerven nicht ausreichend mit diesem rosigen Licht versehen werden, so werden sie empfindlich und äußerst reizbar, sodaß es dem Kranken fast unmöglich wird, in derselben Lage zu verharren, und er aber doch nur wenig Erleichterung empfindet, wenn er sie ändert. Der geringste Lärm wie die leiseste Berührung verursachen ihm heftigste Pein und versetzen ihn in einen überaus elenden Zustand. Wird aber dieses besondere Prâna von einem gesunden Menschen auf seine Nerven ausgeströmt, dann schafft ihm dieses sofort Erleichterung und ein Gefühl der Genesung und des Friedens senkt sich auf ihn herab. Ein Mensch von robuster Gesundheit absorbiert und spezialisiert für gewöhnlich soviel mehr von dieser Vitalität, als sein eigener Körper benötigt, daß er beständig einen Strom rosafarbener Atome ausstrahlt und so unbewußt auf seine schwächeren Mitmenschen Kraft ausströmt, ohne dabei selbst eine Einbuße zu erleiden. Auch kann er durch eine Willensanstrengung diese überschüssige Kraft sammeln und sie bewußt jemandem zusenden, dem er helfen will.

Der physische Körper verfügt über ein gewisses eigenes Bewußtsein blinder und triebhafter Art, das zuweilen das physische Elemental genannt wird, und in der physischen Welt dem Wunsch-Elemental des Astralkörpers entspricht[16]). Dieses Bewußtsein sucht stets seinen Körper vor Gefahr zu schützen oder ihm all das zu verschaffen, was er gerade benötigt. Es ist vom Bewußtsein des Menschen selbst gänzlich unabhängig und wirkt auch dann gleichmäßig weiter, wenn das Ego während des Schlafens außerhalb des physischen Körpers weilt. Alle unsere instinktiven Bewegungen sind auf dieses Bewußtsein zurückzuführen, und seiner Wirkung ist es zuzuschreiben, daß das sympathische Nervensystem ununterbrochen weiterarbeitet, ohne daß wir daran denken und uns dessen bewußt werden.

Während unseres sogenannten Wachseins befindet sich dieses physische Elemental in einem andauernden Zustand der Selbstverteidigung und Wachsamkeit und hält Nerven und Muskeln in steter Spannung. Während der Nacht oder wann immer wir schlafen, läßt es Nerven und Muskeln erschlaffen und widmet sich insbesonders der Assimilierung der Vitalität und der Wiederherstellung des physischen Körpers. Hieran arbeitet es besonders erfolgreich während des ersten Teiles der Nacht, weil dann noch viel Vitalität vorhanden ist; wogegen kurz vor der Morgendämmerung die vom Sonnenlicht zurückgelassene Vitalität fast gänzlich erschöpft ist. Dies ist der Grund für das Gefühl der Mattigkeit und des Zerschlagenseins, das sich in den frühen Morgenstunden bemerkbar macht; es ist ebenso auch der Grund, weshalb kranke Menschen so oft zu dieser Tageszeit sterben. Den gleichen Gedanken verkörpert das alte Sprichwort: „Eine Stunde Schlaf vor Mitternacht ist so viel wert

---

[16]) Näheres hierüber siehe: A. Besant „Eine Studie über das Bewußtsein' u. C. Jinarajadasa „Die Grundlagen der Theosophie". (Anm. d. Übers.)

wie zwei Stunden nachher". Der starke erneuernde Einfluß des Schlafes, den man oft schon nach einem kurzen Einnicken beobachten kann, ist der Tätigkeit dieses physischen Elementales zuzuschreiben.

Die Vitalität ist in der Tat die Nahrung des Ätherkörpers, für den sie ebenso notwendig ist, wie die stoffliche Ernährung für den gröberen Teil des physischen Körpers. Wenn daher das Milzzentrum aus irgend einem Grunde (wie infolge von Krankheit, Ermüdung oder sehr hohem Alter) unfähig ist, die Vitalität für die Ernährung der Körperzellen zu präparieren, bemüht sich dieses physische Elemental, die bereits in den Körpern anderer präparierte Vitalität für seinen eigenen Gebrauch an sich zu ziehen; daher kommt es, daß wir uns häufig schwach und erschöpft fühlen, wenn wir eine Zeit lang neben einem Menschen gesessen sind, dem es an Vitalität fehlt, denn dieser hat uns durch Aufsaugen die rosafarbenen Atome entzogen, bevor wir deren Energie verarbeiten konnten.

Auch das Pflanzenreich absorbiert diese Vitalität, scheint aber in den meisten Fällen nur einen geringen Teil davon zu verbrauchen. Viele Bäume entziehen ihr fast genau dieselben Bestandteile, wie der höhere Teil des menschlichen Ätherkörpers, sodaß die Atome, die sie ausstoßen, nachdem sie benutzt haben, was sie brauchen, gerade mit dem rosafarbenen Licht geladen sind, wie sie für die Zellen des physischen Körpers des Menschen gebraucht werden. Dies ist besonders bei Pinien, Eukalyptus und ähnlichen Bäumen der Fall und folglich verleiht auch der Aufenthalt unter solchen Bäumen den Menschen, die an diesem Teil des Lebensprinzips Mangel leiden — und das sind diejenigen, die wir nervös nennen — Gesundheit und Kraft. Sie sind nervös, weil die Zellen ihres Körpers hungrig sind. Nur dadurch, daß ihnen die nötige Nahrung zugeführt wird, kann die Nervosität behoben werden; und oft besteht der kürzeste Weg, dies zu erreichen, darin, daß ihnen die besondere Form der Vitalität, die sie benötigen. von außen zugeführt wird.

DER ORANGE-ROTE STRAHL.

5. Der orangerote Strahl fließt zur Basis des Rückgrates und von da zu den Zeugungsorganen, mit denen ein Teil seiner Funktion enge verknüpft ist. Es hat den Anschein, daß dieser Strahl nicht nur orange und die dünkleren Töne des Rot, sondern in gewisser Menge auch dunkles Violett enthält, wie wenn sich das Spektrum im Kreise herum böge und die Farbenreihe von neuem eine Oktave tiefer begänne.

Im normalen Menschen belebt dieser Strahl die sinnlichen Triebe, er scheint auch in das Blut einzutreten und die Körperwärme aufrecht zu erhalten. Wenn es der Mensch aber beharrlich ablehnt, seiner niederen Natur nachzugeben, kann dieser Strahl durch entschlossene und anhaltende Anstrengung aufwärts in das Gehirn abgelenkt werden, wo seine drei Bestandteile einer bemerkenswerten Veränderung unterliegen. Das Orange wird zu reinem Gelb verfeinert und bewirkt eine nachdrückliche Verstärkung der Intellektkräfte; das Dunkelrot wird zu Scharlach und steigert erheblich die Eigenschaft der selbstlosen Liebe, während das dunkle Purpurviolett in ein liebliches zartes Lila verwandelt wird und den geistigen Teil der menschlichen Natur belebt. Ein Mensch, der diese Transmutation vollzieht, wird finden, daß seine sinnlichen Triebe ihn nicht länger mehr beunruhigen; und wenn sich einmal für ihn die Notwendigkeit ergeben wird, die höheren Schichten des Schlangenfeuers zu erwecken, wird er von der ernstesten all der Gefahren befreit sein, die dieser Vorgang mit sich bringt. Wenn aber diese Umwandlung endgültig durchgeführt wurde, dann geht der orangerote Strahl geradewegs in das an der Basis des Rückgrates gelegene Zentrum und läuft von dort im Hohlraum der Wirbelsäule aufwärts bis zum Gehirn.

Es scheint eine gewisse Entsprechung zwischen den Farben dieser Prânaströme, die zu den verschiedenen Chakras fließen, und den Farben zu bestehen, die H. P. Blavatsky in dem auf S. 452 des dritten Bandes ihrer „Geheimlehre" enthaltenen Diagramm den menschlichen Prinzipien zuschreibt. (Siehe Tabelle III).

FARBEN DES PRANA	DIE CHAKRAS, IN DIE DIESE MÜNDEN	IN DER „GEHEIM-LEHRE" ANGEGEBENE FARBEN	ENTSPRECHENDE MENSCHLICHE PRINZIPIEN
Lichtblau	Kehlkopf	Blau	Atma (Aurische Hülle)
Gelb	Herz	Gelb	Buddhi
Dunkelblau	Stirne	Indigo od. dunkelblau	Höherer Manas
Grün	Nabel	Grün	Kama manas
Rosa	Milz	Rot	Kama rupa
Violett	Scheitel	Violett	Ätherkörper
Orangerot (mit einem anderen Violett)	Wurzel-Chakra (später ins Scheitel-Chakra)	—	—

Tabelle III.

DIE FÜNF PRÂNA-VÂYUS.

In den Schriften der Hindus werden die fünf wichtigsten „Vâyus" oder Prâna häufig erwähnt. Die „Gheranda Samhita" gibt ihre Lage kurz folgendermaßen an:

> „Prâna bewegt sich immer im Herzen; Apâna in der Gegend des Afters, Samâna in der Gegend des Nabels, Udâna im Hals und Vyâna durchdringt den Körper.[17])

[17]) a. a. O. 61—2. „Sacred Books of the Hindus Series". Übers. Chandra Vidyârnava. (Theos. Publ. House, Adyar.)

Zahlreiche Werke geben uns dieselbe Beschreibung, ohne uns über die Funktion dieser Vâyus mehr zu sagen; manche aber fügen doch einige Erläuterungen hinzu, wie z. B. die folgende Stelle:

„Die Vyâna genannte Luft führt den wesentlichen Teil in alle Nerven. Sobald die Nahrung eingenommen „wurde, wird sie durch diese Luft in zwei Teile gespalten. Wenn sie nahe dem After gekommen ist, trennen sich „ihre festen und flüssigen Teile. Nachdem es das Wasser über das Feuer, und das Feste über das Wasser gestellt „hat, entflammt es langsam Prâna, das unter dem Feuer steht. Das Feuer, das von der Luft entflammt wurde, „scheidet die Substanz vom Abfall. Die Vyânaluft bewirkt, daß die Essenz überall hin kommt, und der Abfall, „der durch die 12 Pforten gepreßt wird, wird aus dem Körper ausgeschieden.“ [18])

Die derart beschriebenen fünf „Lüfte“ oder „Winde“ scheinen mit den fünf Unterabteilungen der Vitalität, wie sie von uns beobachtet wurden, ganz gut übereinzustimmen, was in Tabelle IV gezeigt wird.

PRÂNA-VÂYU UND DIE DAVON BEEINFLUSSTE KÖRPERGEGEND	STRAHL DER VITALITÄT	DAS VON DIESEN HAUPTSÄCHLICH BEEINFLUSSTE CHAKRA
Prâna, Herz	Gelb	Herz
Apâna, After	Orange-rot	Wurzel
Samâna, Nabel	Grün	Nabel
Udâna, Hals	Violett-blau	Kehlkopf
Vyâna, der gesamte Körper	Rosarot	Milz

Tabelle IV.

In den indischen Werken bedeutet das Wort Prâna oftmals Atem. Der Grund hierfür ist in der Tatsache zu finden, daß wir auch während des Atmens die Vitalitäts-Kügelchen in unseren Körper einziehen, wenn auch nicht in der bisher beschriebenen Weise. Der Hauptzweck der Atmung ist die Aufnahme von Sauerstoff; der größte Teil des Sauerstoffs, der in die Lunge gelangt, wird von uns absorbiert, während wir den Stickstoff, mit dem er in der Luft vermengt ist, wieder ausstoßen. Nun bildet das Vitalitäts-Kügelchen einen der hauptsächlichsten Bestandteile des Sauerstoff-Atoms, wie aus Abb. 8 zu ersehen ist, die eine etwas veränderte Wiedergabe eines Diagramms darstellt, das zuerst im Jahre 1895 in dem Werke „Die uralte Weisheit“ und später in der „Okkulten Chemie“ erschienen ist. Bei der in diesen Werken wiedergegebenen Beschreibung unserer Forschungen wiesen Frau

[18]) Garuda Purana, XV. 40—3. „Sacred Books of the Hindus Series“. Übers. Wood.

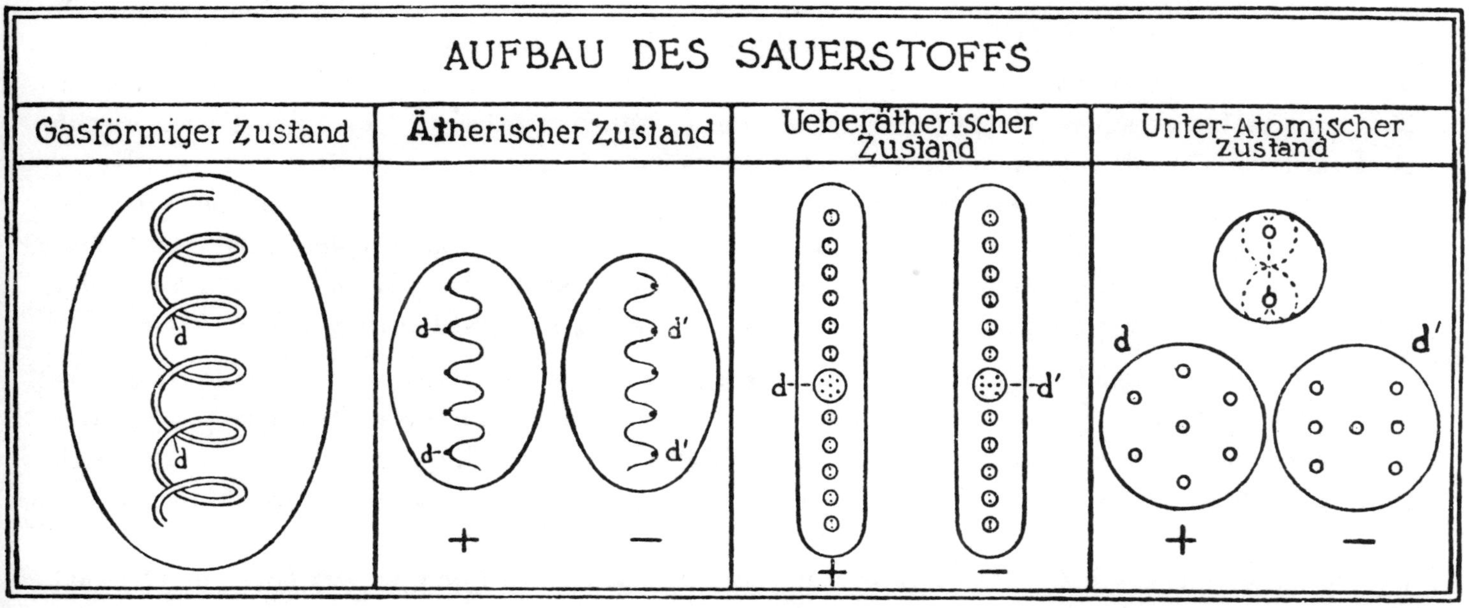

Abb. 8

Dr. Besant und ich darauf hin, daß die Schwierigkeiten, die sich der Beobachtung des Sauerstoffatoms entgegenstellten, viel größere waren als diejenigen, denen wir bei der Erforschung des Wasserstoffs und Stickstoffs begegneten, was auf die außerordentliche Tätigkeit, die dieses Element aufwies, und den blendenden Glanz einiger seiner Teile zurückzuführen war.

Auf der gasförmigen Ebene betrachtet, hat dieses Atom [19]) die Gestalt eines Eies, in dem ein spiralförmig gewundenes, schlangenähnliches Gebilde mit außerordentlicher Geschwindigkeit rotiert, das an den Windungen fünf glänzende, Licht ausstrahlende Punkte aufweist. Diese Spirale scheint erst ein fester, runder Gegenstand zu sein; wenn aber das Atom auf die nächste Unterebene gebracht wird (d. i. die erste ätherische Unterebene unserer physischen Welt), spaltet sich dieses Gebilde der Länge nach in zwei dünnere Spiralen, von denen die eine positiv ist, und dann zeigt es sich, daß die anscheinende Festigkeit nur der Tatsache zuzuschreiben war, daß diese Spiralen um eine gemeinsame Achse in einander entgegengesetzter Richtung rotierten und dem Beschauer so eine kontinuierliche Oberfläche darboten, gleichwie ein scheinbarer Feuerring dadurch entsteht, daß eine brennende Fackel rasch im Kreise gewirbelt wird.

Die glänzenden Punkte, die im gasförmigen Atom wahrgenommen wurden, erblicken wir nun an den Erhebungen der Wellen in der positiven und in den Höhlungen der negativen Spirale, die selbst wieder aus kleinen perlenartigen Gebilden bestehen, von denen je elf zwischen den größeren glänzenden Punkten liegen. Auf die nächsthöhere ätherische Unterebene gebracht, brechen auch

[19]) Atom bedeutet hier die so benannte Einheit der offiziellen Chemie. (Anm. d. Übers.)

diese Spiralen auf, wobei jeder glänzende Punkt fünf Perlen auf der einen und sechs Perlen auf der anderen Seite mit sich führt. Diese wirbeln und drehen sich noch immer mit der gleichen außerordentlichen Geschwindigkeit und erinnern einen hiebei an Leuchtkäfer, die einen wilden Tanz aufführen. Die größeren leuchtenden Gebilde enthalten je sieben Uratome, während sich in den Perlen nur je zwei vorfinden. Auf der nächsten Stufe scheiden die Spiralenfragmente die positiv und negativ geladenen Gebilde aus, die in der Abbildung 8 mit d und d' bezeichnet sind, bei denen nun eine von einander abweichende Anordnung der in ihnen enthaltenen Uratome wahrzunehmen ist. Wenn auch diese desintegriert werden, dann werden diese physischen Uratome freigesetzt, u. zw. 290 an der Zahl, wobei 220 von den 110 Perlen und 70 von den zehn glänzenden Körperchen stammen.

Das positiv geladene glänzende Gebilde d ist nun unser Vitalitätskügelchen und auf diesem Umstand ist auch die ungewöhnliche Aktivität des Sauerstoffs zurückzuführen. Der in die Lungen aufgenommene Sauerstoff wird dort aufgebrochen und ihm das Vitalitätskügelchen entzogen, das sich dann mit anderen Substanzen verbindet, um so einige der wichtigsten Bestandteile des Blutes zu bilden. Während sich also Prâna von der Milz aus über den ganzen Ätherkörper verbreitet, wird seine „Essenz", die in unserem Zitat aus dem Garuda-Purana erwähnt wird und, wie ich hörte, im Original „Rasa" heißt, das auch Blut bedeutet, durch den ganzen dicht-physischen Körper gebracht.

VITALITÄT UND GESUNDHEIT.

Die in diesen verschiedenen Strömen dahinfließende Vitalität reguliert die Gesundheit der Körperteile, auf die sich diese erstrecken. Wenn z. B. jemand an schlechter Verdauung leidet, so ist dies für jeden mit dem ätherischen Schauen begabten Menschen sofort erkennbar, da dann der grüne Strom entweder träge fließt und von schwacher Wirkung ist oder seine Masse verhältnismäßig geringer ist, als sie sein sollte. Wo der gelbe Strom voll und stark ist, bedeutet oder vielmehr bewirkt er Kraft und Regelmäßigkeit der Herztätigkeit. Indem er dieses Zentrum umfließt, durchdringt er auch das Blut, das hindurch getrieben wird, und wird so mit diesem durch den ganzen Körper geführt. Doch bleibt noch genügend von ihm zurück, um sich auch ins Gehirn auszubreiten, und es scheint, daß die Fähigkeit hohen philosophischen und metaphysischen Denkens in großem Maße von der Masse und Tätigkeit dieses gelben Stromes und von dem damit zusammenhängenden Erwachen der zwölfblättrigen Blume des Kraftzentrums abhängt, das sich am Scheitel des Kopfes befindet.

Gedanken und Gefühle von hoher geistiger Art scheinen hauptsächlich von dem violetten Strahl abzuhängen, wogegen die Fähigkeit des gewöhnlichen verstandesmäßigen Denkens durch die Wirkung des mit Teilen von Gelb vermischten blauen Strahles angeregt wird. Bei einigen Formen von Idiotismus ist der Zufluß der Vitalität zum Gehirn, u. zw. sowohl der gelbe als auch der blauviolette Strom, fast ganz unterbunden. Ungewöhnliche Lebendigkeit oder Menge des hellblauen Stromes, der mit dem Kehlkopfzentrum in Verbindung steht, ist auch von Gesundheit und Kraft der physischen Organe in diesem Körperteil begleitet. Es verleiht dies z. B. den Stimmbändern Kraft und Elastizität, auf welcher die Fülle und Lebendigkeit der Stimme beruht, die man bei einem öffentlichen Redner oder Sänger besonders beobachten kann. Schwäche oder Krankheit in irgend einem Körperteil ist sets von einem ungenügenden Zustrom der Vitalität nach diesem Teile begleitet.

DAS SCHICKSAL DER ENTLADENEN ATOME.

Während nun diese verschiedenen Atomströme ihre Arbeit verrichten, wird ihnen die Vitalität genau so entzogen, wie dies mit einer elektrischen Ladung der Fall wäre. Die Atome des rosafarbenen Strahles werden in dem Maße, wie sie den Nerven entlang strömen, allmählich immer blasser und werden schließlich vom Körper durch die Poren ausgestoßen. Dies ruft die Erscheinung hervor, die in dem Werke „Der sichtbare und unsichtbare Mensch" die Gesundheitsaura genannt wurde. Wenn die Atome den Körper verlassen, haben sie zum größten Teile die rosarote Farbe eingebüßt, sodaß diese Emanation im allgemeinen bläulich-weiß aussieht. Auf die gleiche Weise verliert der Teil des gelben Strahles. der vom Blute aufgenommen und mit diesem herumgeführt wird, seine besondere Farbe.

Die Atome, die sich derart ihrer Ladung an Vitalität entledigt haben, gehen nun entweder in eine der Verbindungen ein, die im Körper beständig erzeugt werden, oder verlassen ihn durch die Poren oder auf den anderen gewöhnlichen Wegen. Die entladenen Atome des grünen Strahles, der hauptsächlich mit dem Verdauungsprozeß in Verbindung steht, scheinen einen Teil des gewöhnlichen Abfallmaterials des Körpers zu bilden und zusammen mit diesem ausgeschieden zu werden, und beim Durchschnittsmenschen ist das gleiche mit den Atomen des orange-roten Stromes der Fall. Die dem blauen Strahle angehörenden Atome, die in Verbindung mit dem Kehlkopfzentrum verwendet werden, verlassen den Körper im allgemeinen mit der ausgestoßenen Atemluft, und diejenigen, die den dunkelblauen und den violetten Strahl bilden, treten gewöhnlich bei dem am Scheitel gelegenen Zentrum aus.

Wenn der forschende Jünger gelernt hat, den orange-roten Strahl so abzulenken, daß auch dieser sich durch das Rückgrat aufwärts bewegt, dann strömen die entladenen Atome dieses und des blauvioletten Strahles am Scheitel als eine feurige Kaskade aus, die, wie wir in Abb. 2 gesehen haben, auf alten Statuen Buddhas, des Herrn, und anderer großer Heiliger häufig als Flamme dargestellt ist. Diese Atome werden so wieder als die physischen „Vehikel" mancher der wunderbaren und wohltätigen Kräfte benützt, die aus dem Scheitel-Chakra hochentwickelter Menschen ausstrahlen.

Die der Vitalität entledigten Atome gleichen wieder vollkommen irgendwelchen anderen Atomen, bis auf den Umstand, daß sie durch die Art ihrer Verwendung ein wenig weiter entwickelt worden sind. Der Körper nimmt dann die von ihm benötigte Menge dieser Atome auf, sodaß sie Teile der verschiedenen Verbindungen bilden, die beständig hergestellt werden, während der Rest, der für solche Zwecke nicht benötigt wird, auf irgendeinem der Ausscheidungswege, der sich hiezu gerade eignet, aus dem Körper befördert wird.

Der Ein- oder Durchstrom der Vitalität in irgend einem Chakra oder selbst nur eine Verstärkung des Stromes darf nicht mit der hievon gänzlich verschiedenen Entwicklung des Zentrums verwechselt werden, welche die Erweckung der höheren Schichten des Schlangenfeuers auf einer späteren Stufe der menschlichen Entwicklung bewirkt; damit werden wir uns im nächsten Kapitel beschäftigen. Wir alle ziehen Vitalität ein und spezialisieren sie, viele aber nützen sie nicht voll aus, weil unser Leben in mancher Beziehung nicht so rein, gesund und vernünftig ist, wie es sein sollte. Wer seinen Körper durch den Genuß von Fleisch, Alkohol oder Tabak vergröbert, kann seine Vitalität niemals so voll ausnützen, wie dies ein Mensch, der ein reineres Leben führt, zu tun vermag. Allerdings kann es vorkommen — und kommt auch oft vor —, daß ein Individuum, das ein unreines Leben führt, einen kräftigeren physischen Körper besitzt als ein Mensch mit reinerem Lebenswandel; dies ist eine Frage ihres Karmas. Unter sonst gleichen Bedingungen hat aber der Mensch mit reinerem Leben einen ungeheuren Vorteil vor dem anderen voraus.

Alle Farben der Vitalitätsform, von der hier die Rede ist, sind ätherischer Natur, doch zeigt es sich, daß ihre Auswirkung in gewisser Weise der Bedeutung entspricht, die den ihnen ähnlichen Farben im Astralkörper zukommen. Es ist ja auch klar, daß richtiges Denken und Fühlen eine Wirkung auf den physischen Körper ausüben und seine Fähigkeit steigern, die Vitalität zu absorbieren, die er für sein Wohlbefinden benötigt. Buddha der Herr hat — so wird uns berichtet — einst gesagt, der erste Schritt auf dem Pfade nach Nirvana sei vollkommene physische Gesundheit und sicherlich können wir uns diese aneignen, wenn wir dem edlen achtfachen Pfade folgen, den er gewiesen hat. „Trachtet vor allem nach dem Reiche Gottes und seiner Gerechtigkeit, und alle diese Dinge werden Euch zuteil werden" — auch physische Gesundheit.

VITALITÄT UND MAGNETISMUS.

Die längs der Nerven flutende Vitalität darf nicht mit dem sogenannten Magnetismus des Menschen verwechselt werden, seinem eigenen Nervenfluidum, das sich aus der primären Lebenskraft und der Kundalinî zusammensetzt und seine besondere Artung innerhalb des Rückgrates empfängt. Durch dieses Fluidum wird die ständige Zirkulation ätherischer Materie entlang der Nerven aufrecht erhalten, die dem Kreislauf des Blutes durch Arterien und Venen entspricht; denn so wie das Blut den Sauerstoff allen Teilen des Körpers zuführt, so wird von diesem ätherischen Strom die Vitalität längs der Nerven geführt. Die Partikel des menschlichen Ätherkörpers sind ebenso wie die des dichtphysischen Körpers in einem steten Wechsel begriffen. Mit der Nahrung, die wir zu uns nehmen, und der Luft, die wir einatmen, nehmen wir ätherischen Stoff in uns auf, der dann von dem ätherischen Teil unseres Körpers assimiliert wird. Durch die Poren wird wieder beständig ätheri-

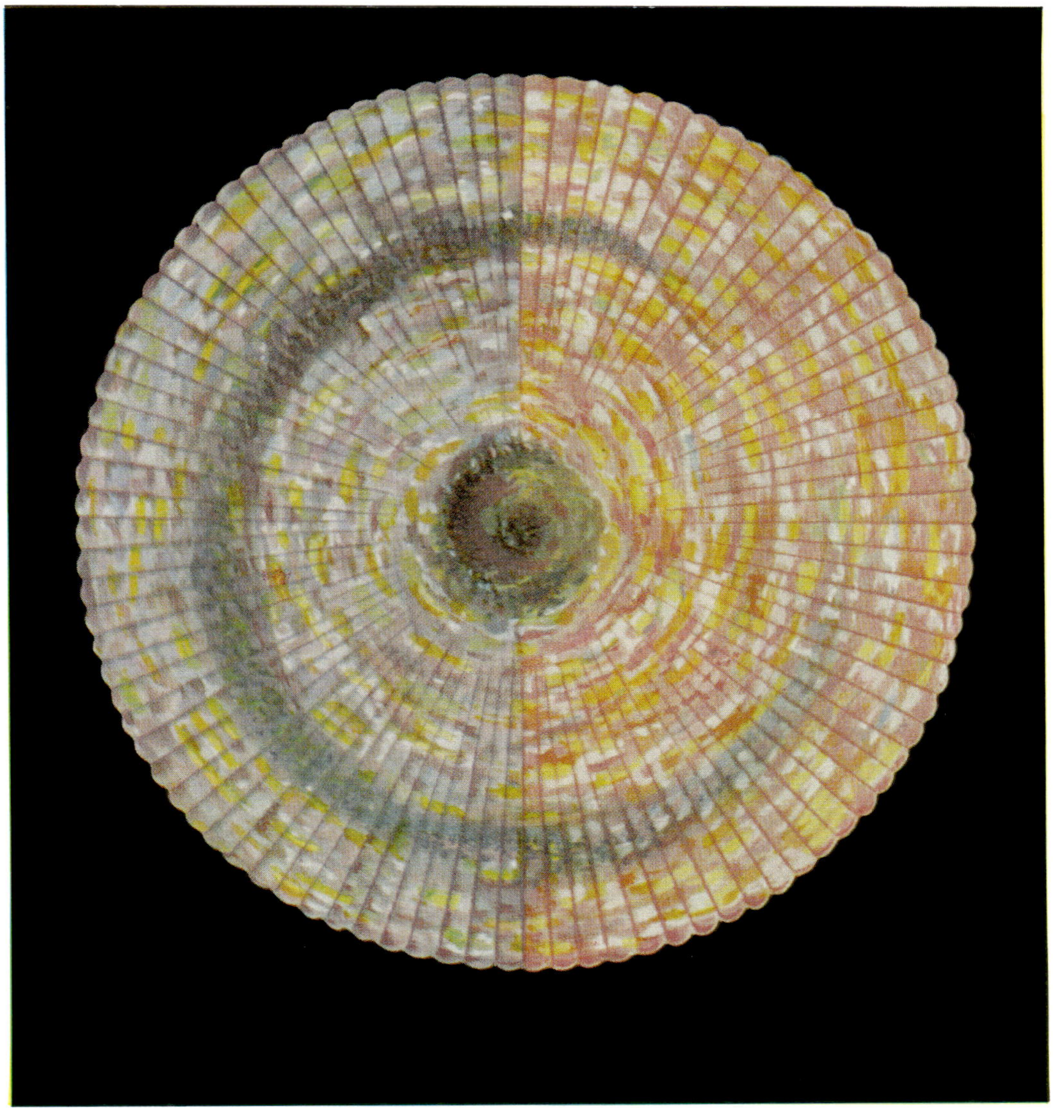

DAS STIRN-CHAKRA

scher Stoff, genau so wie gasförmiger, ausgeschieden; wenn daher zwei Personen sich dicht beieinander befinden, muß notwendigerweise jede von ihnen eine Menge der physischen Emanationen der anderen absorbieren.

Wenn jemand einen anderen Menschen mesmerisiert, so konzentriert der Magnetiseur durch eine Willensanstrengung eine große Menge seines Magnetismus und läßt ihn auf die behandelte Person überströmen, wobei er deren Nervenfluidum zurückdrängt, dessen Platz dann sein eigenes einnimmt. Da das Gehirn den Mittelpunkt für den Kreislauf dieses Nervenfluidums bildet, gerät der magnetisierende Körperteil der behandelten Person unter die Herrschaft des Gehirns des Magnetiseurs statt der des eigenen Gehirns und infolgedessen fühlt auch der Patient das, was dieser ihn fühlen lassen will. Wenn der eigene Magnetismus des Patienten aus dessen Gehirn verdrängt und dessen Stelle von dem des Magnetiseurs eingenommen ist, so kann jener nur das fühlen und tun, was ihm der Wille des anderen zu fühlen und zu tun gestattet: er ist für den Augenblick von dem fremden Willen beherrscht.

Aber auch wenn der Magnetiseur nur zu heilen versucht und in den Leidenden Kraft einströmen läßt, führt er ihm unvermeidlich gleichzeitig mit der Lebenskraft auch eine Menge seiner eigenen Emanationen zu. Es ist daher klar, daß irgendeine Krankheit, an der der Magnetiseur zufällig leidet, sich sehr leicht auf den Kranken übertragen kann; ein anderes, noch schwerer wiegendes Bedenken ist aber, daß der Magnetiseur zwar vom medizinischen Standpunkt aus vollkommen gesund sein kann, daß es aber doch ebenso mentale und moralische Krankheiten gibt wie physische; da nun mit dem physischen Strome auch astrale und mentale Materie vom Magnetiseur auf den Kranken übergeht, werden auch solche Leiden häufig übertragen.

Nichtsdestoweniger kann ein in Gedanken reiner Mensch, der von dem aufrichtigen und ernsten Wunsche erfüllt ist, seinen Mitmenschen zu helfen, durch den Mesmerismus sehr viel zur Erleichterung von Leiden beitragen, wenn er sich nur der Mühe unterziehen will, sich in das Gebiet dieser Strömungen zu vertiefen, die in den Körper durch die Chakras eintreten und dann längs der Nerven fließen. Was ist es nun, das der Magnetiseur seinem Patienten zusendet? Es kann der Nervenäther oder die Vitalität oder beides sein. Angenommen, ein Patient ist so schwer geschwächt oder erschöpft, daß er nicht mehr die Kraft hat, das Lebensfluidum selbst zu zerlegen, dann kann der Magnetiseur seinen Vorrat dadurch erneuern, daß er sein eigenes Fluidum auf die zuckenden Nerven des Patienten einströmen läßt, und so eine rasche Erholung bewirken. Dies entspricht ganz einem Vorgang, der oft angewendet wird, wenn es sich um die Zuführung von Nahrung handelt. Wenn die Schwäche eines Menschen einen gewissen Grad erreicht hat, dann verliert der Magen die Fähigkeit, zu verdauen, der Körper kann dann nicht gehörig ernährt werden und die Schwäche nimmt dadurch ständig zu. Das in einem solchen Falle angewandte Mittel besteht darin, dem Magen eine durch den Zusatz von Pepsin oder ähnlichen Präparaten bereits teilweise vorverdaute Nahrung zuzuführen; eine solche wird er wahrscheinlich assimilieren können und so wieder Kraft gewinnen. Genau so kann ein Mensch, der an sich nicht imstande ist, die Vitalität zu zerlegen, sie absorbieren, wenn sie von einer anderen Person bereits präpariert wurde, und so die Kraft gewinnen, um die zur Wiederaufnahme der normalen Tätigkeit der ätherischen Organe notwendige Anstrengung machen zu können. In Fällen körperlicher Schwäche ist dies oft das einzig Nötige.

Nun gibt es noch andere Fälle, in denen es zu irgendeiner Art Kongestion gekommen ist, das Lebensfluidum nicht gehörig zirkuliert und die Nervenaura träge und krank wird. Die augenscheinlichste Heilmethode besteht dann darin, den Nervenäther von außen her durch gesunden zu ersetzen; doch kann dies auf verschiedene Weise geschehen. Manche Magnetiseure arbeiten einfach mit sinnloser Gewalt und lassen ununterbrochen eine unwiderstehliche Flut ihres eigenen Äthers einströmen, in der Hoffnung, so alles, was entfernt werden soll, hinwegzuspülen. Es mag ja auf diese Weise ein Erfolg erzielt werden, sicherlich aber nur unter Verausgabung einer viel größeren Energiemenge, als an sich nötig wäre. Eine wissenschaftlichere Methode besteht darin, etwas ruhiger ans Werk zu gehen, erst die verkrampfte oder kranke Materie zu entfernen und sie dann durch gesünderen Nervenäther zu ersetzen, wobei der träge Fluß allmählich wieder zur Tätigkeit angeregt wird. Leidet z. B. der Patient an Kopfschmerzen, so hat sicherlich in irgend einer Partie seines Gehirns eine Kongestion ungesunden Nervenäthers stattgefunden, und dieser muß vor allem entfernt werden.

Wie kann man nun dies bewirken? Genau so, wie man das Ausströmen von Kraft bewirkt — durch einen Akt des Willens. Man muß sich immer vor Augen halten, daß diese feineren Aggregatzustände der Materie durch die Einwirkung des menschlichen Willens sehr leicht geformt und affiziert werden können. Der Magnetiseur mag zwar Striche machen, doch bedeuten diese — bildlich gesprochen — nur das Zielen mit der Flinte in eine bestimmte Richtung, während sein Wille das Pulver darstellt, das die Kugel treibt und die Wirkung hervorruft, die hier das ausgesandte Fluidum darstellt. Ein Magnetisieur, der sein Handwerk versteht, kann, wenn er will, auch ohne Striche zu machen die gleiche Wirkung erzielen und ich selbst kenne einen solchen, der niemals von ihnen Gebrauch machte, sondern seine Patienten einfach nur ansah. Der einzige Nutzen der Handbewegung besteht darin, das Fluidum zu konzentrieren und vielleicht auch die Imagination des Magnetiseurs zu unterstützen, denn um fest zu wollen, muß er fest daran glauben und die Bewegung macht es ihm zweifellos leichter, das zu begreifen und zu verwirklichen, was er tut.

Genau so wie jemand infolge einer Willensanstrengung Magnetismus ausstrahlen kann, ebenso kann er auch durch eine Willensanstrengung Magnetismus entziehen; auch in diesem Falle werden ihm Handbewegungen helfen. Bei der Behandlung von Kopfschmerzen wird er wahrscheinlich seine Hände auf die Stirne des Patienten legen und an sie als an Schwämme denken, die den schädlichen Magnetismus dem Gehirn stetig entziehen, und er wird auch sehr bald die Entdeckung machen, daß er wirklich dieselbe Wirkung erzielt, an die er denkt. Denn wenn er nicht irgendwelche Vorsichtsmaßnahmen trifft, um den schlechten Magnetismus von sich abzuschütteln, den er aufnimmt, wird er entweder selbst Kopfschmerzen bekommen oder aber Schmerzen in der Hand und dem Arm zu empfinden beginnen, die er hiebei gebraucht hat. In der Tat zieht er erkrankte Materie in sich ein und es ist daher für sein eigenes Wohlbefinden notwendig, daß er sie los wird, ehe sie sich noch in seinem Körper bleibend eingenistet hat.

Er muß sich deshalb irgendeines bestimmten Systems bedienen, um sich von ihr zu befreien, und das einfachste besteht darin, sie eben fort zu schleudern, sie von den Händen wie Wasser abzuschütteln. Denn die Materie, die er angezogen hat, ist, wenngleich für ihn unsichtbar, doch physische Materie und deshalb kann er auch mit ihr auf physische Weise umgehen. Diese Vorsicht darf er niemals versäumen und auch nie vergessen, seine Hände sorgfältig zu waschen, nachdem er Kopfschmerz oder eine ähnliche Krankheit geheilt hat. Sobald nun die Ursache des Leidens beseitigt wurde, geht er daran, guten, starken und gesunden Magnetismus einströmen zu lassen, um diese zu ersetzen und den Patienten gegen die Wiederkehr des Uebels zu schützen. Diese Methode hat in sehr vielen Fällen nervöser Erkrankungen vielfache Vorteile für sich. Denn in den meisten dieser Fälle besteht das Uebel in einer Unregelmäßigkeit der Fluiden, die den Nerven entlang fließen; entweder sind sie verstopft, oder fließen sie zu träge oder aber zu rasch dahin; auch können sie quantitativ oder qualitativ unzulänglich sein. Wenn man nun irgendwelche Drogen anwendet, so kann man bestenfalls nur auf den physischen Nerv und durch ihn bis zu einem sehr beschränkten Grade auf die Fluida um ihn einwirken; die magnetische Heilmethode aber wirkt unmittelbar auf die Fluida ein und geht so geradewegs auf die Wurzel des Uebels los.

VIERTES KAPITEL

DIE ENTFALTUNG DER CHAKRAS

VIERTES KAPITEL

DIE ENTFALTUNG DER CHAKRAS

DIE FUNKTION DER ERWECKTEN ZENTREN.

Außer ihrer Bestimmung, den physischen Körper am Leben zu erhalten, besitzen die Kraftzentren noch eine andere Funktion, die aber erst dann in Wirksamkeit tritt, wenn sie zu voller Tätigkeit erweckt wurden. Jedes ätherische Zentrum entspricht einem solchen im Astralkörper, obgleich das astrale Zentrum als vierdimensionaler Wirbel sich in einer von dem ätherischen vollkommen verschiedenen Richtung ausdehnt; infolgedessen fallen auch seine Begrenzungen mit jenen des ätherischen Zentrums niemals zusammen, wenn es auch den gleichen Raum wie dieses ausfüllt. Der ätherische Wirbel liegt immer an der Oberfläche des Ätherkörpers, während das astrale Zentrum sich häufig ganz innerhalb des Ätherkörpers befindet.

Die Funktion eines jeden einmal zu voller Tätigkeit erweckten Zentrums besteht darin, dem physischen Bewußtsein die besonderen Eigenschaften zu übermitteln, die dem entsprechenden astralen Zentrum gerade eigen sind. Bevor wir also daran gehen, die Ergebnisse aufzuzählen, die durch eine Erweckung der ätherischen Zentren zu voller Tätigkeit bewirkt werden, wird es wohl gut sein, erst einmal die Funktion jedes astralen Zentrums zu betrachten, obzwar diese schon bei allen kultivierten Menschen der entwickelteren Rassen in voller Tätigkeit sind. Welche Wirkung bringt also die Belebung jedes dieser astralen Zentren im Astralkörper hervor?

DIE ASTRALEN ZENTREN.

Das erste dieser Zentren ist, wie bereits dargelegt wurde, der Sitz des Schlangenfeuers. Durch die Tätigkeit dieser Kraft, die sich auf allen Ebenen äußert, werden die übrigen Zentren erst erweckt. Man muß sich vorstellen, daß der Astralkörper ursprünglich bloß eine fast vollkommen träge Masse mit einem ganz verschwommenen Bewußtsein war, das weder die geringste Fähigkeit besaß, irgend etwas zu tun, noch auch imstande war, seine Umwelt klar zu erkennen. Als erstes geschah nun, daß das Schlangenfeuer im Menschen auf der Astralebene erweckt wurde. Es bewegte sich dann weiter vorwärts zum zweiten Zentrum, das der physischen Milz entspricht, und belebte durch dessen Vermittlung den ganzen Astralkörper, sodaß der Mensch nun fähig wurde, sich in ihm bewußt zu bewegen, wenn auch noch bloß mit einer ganz vagen Vorstellung dessen, was ihm dabei begegnete.

Dann gelangte es zum dritten, dem Nabel entsprechenden Zentrum des Astralkörpers, belebte es und erweckte dadurch im Astralkörper die Fähigkeit, Gefühle zu empfinden, — eine Empfindlichkeit für alle Arten von Einflüssen, aber noch ohne jenes klare Verständnis, wie es durch das Sehen und Hören erlangt wird.

Die Erweckung des vierten Zentrums verlieh dem Menschen die Fähigkeit, die Schwingungen anderer astraler Wesenheiten soweit zu erfassen und mit ihnen zu empfinden, daß er ihre Gefühle wenigstens zum Teil instinktiv verstehen konnte.

Die Erweckung des fünften, dem Kehlkopf entsprechenden Zentrums befähigte den Menschen, in der Astralwelt zu hören; d. h. sie bewirkte die Entfaltung desjenigen Wahrnehmungsvermögens, das in der Astralwelt jene Wirkung im Bewußtsein auslöst, die wir auf der physischen Ebene mit Hören bezeichnen.

Die Entfaltung des sechsten Zentrums, das dem Chakra zwischen den Augenbrauen entspricht, bewirkte in gleicher Weise das astrale Sehen, kraft dessen er die Gestalt und Beschaffenheit astraler Gegenstände deutlich wahrzunehmen vermag, statt deren Gegenwart nur vage zu fühlen.

Die Erweckung des siebenten, dem Scheitel-Chakra entsprechenden Zentrums bewirkte die letze Abrundung und Vervollständigung des Lebens im Astralen und brachte die Vollendung seiner Fähigkeiten mit sich.

Dieses Zentrum weist eine gewisse Verschiedenheit auf, die anscheinend mit dem besonderen Typus des betreffenden Menschen zusammenhängt. Bei vielen Menschen konvergieren die beiden astralen Wirbel, die dem sechsten und siebenten Chakra entsprechen, zur Schleimdrüse (Abb. 9)

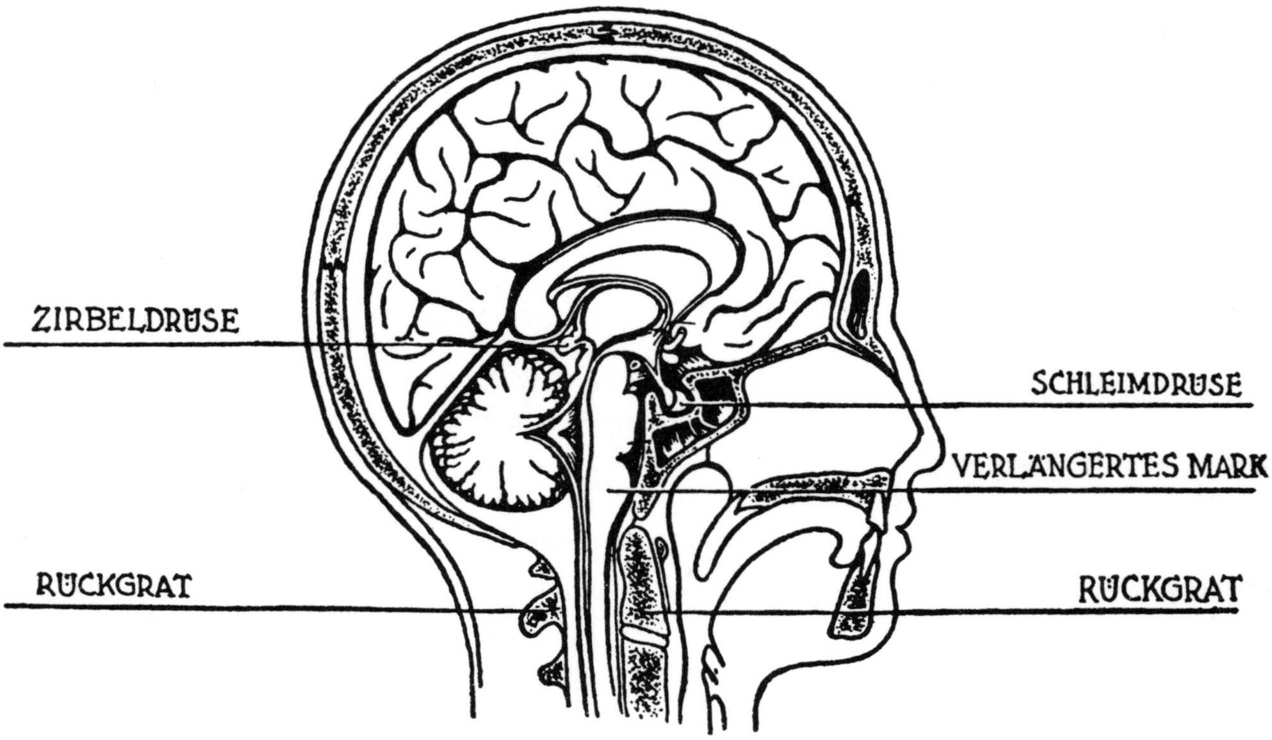

Abb. 9

und diese stellt hier für diese Menschen tatsächlich die einzige unmittelbare Verbindung zwischen der physischen und den höheren Ebenen dar. Bei einem anderen Typus aber ist das sechste Zentrum zwar auch mit der Schleimdrüse verbunden, das siebente jedoch erfährt eine solche Neigung oder Verkrümmung, daß sein Wirbel mit dem verkümmerten Organ zusammenfällt, das man die Zirbeldrüse nennt. (Abb. 9). Diese erfährt dann bei solchen Menschen eine Belebung und es wird von ihr aus eine unmittelbare Verbindung mit dem Nieder-Mentalen geschaffen, die anscheinend nicht auf dem gewöhnlichen Wege durch die zwischenliegende Astralebene verläuft. Diesen bestimmten Typus hatte Frau Blavatsky im Auge, wenn sie in ihren Werken einen solchen Nachdruck auf die Erwekkung dieses Organs legte. Und auch Frau Dr. Besant erwähnt die Tatsache, daß die Entwicklung bei verschiedenen Menschen auf verschiedenen Ebenen einsetzt, in der nachfolgend angeführten Stelle, die ihrem Werke „Eine Studie über das Bewußtsein" entnommen ist:

> „Der Aufbau der Zentren und ihre allmähliche Ausbildung zu Rädern kann von jedem Vehikel ausgehen „und geht in jeder Person von dem Körper aus, der dem speziellen Typus des Temperamentes entspricht, dem „sie angehört. So wird auch der Punkt, in dem die größte Tätigkeit — sowohl im Aufbau aller Körper wie auch „in ihrer allmählichen Ausgestaltung zu wirksamen Werkzeugen des Bewußtseins auf der physischen Ebene — „einsetzt, je nach dem Typus des Temperamentes des Menschen ein anderer sein. Dieses Tätigkeitszentrum kann „sich im physischen, astralen, niederen oder höheren Mentalkörper befinden. Ob in diesen oder selbst in noch „höheren — stets liegt dieses Zentrum je nach dem besonderen Typus in dem Grundteil, der für dieses Tempera„ment charakteristisch ist, und von dort aus wirkt es auf- oder abwärts und gestaltet die Körper zu geeigneten „Ausdrucksmitteln dieses Temperamentes." [20])

DIE ASTRALEN SINNE.

Diese Zentren stellen so bis zu einem gewissen Grade die Sinnesorgane des Astralkörpers dar. Dieser Ausdruck wäre aber ohne eine entsprechende Einschränkung unbedingt irreführend; denn man darf niemals daran vergessen, daß wir wohl stets von astralem Sehen oder Hören sprechen müssen, um uns verständlich zu machen, doch wird damit in Wirklichkeit bloß die Fähigkeit gemeint, auf Schwingungen zu reagieren, die dem menschlichen Bewußtsein, wenn es im Astralkörper funktioniert, Wahrnehmungen derselben Art vermitteln, wie es sie durch Auge und Ohr empfängt, solange es im physischen Körper weilt.

Unter den so völlig verschiedenen astralen Bedingungen bedarf es aber nicht erst besonderer Organe, um ein solches Ergebnis zu bewirken. Denn in jedem Teile des Astralkörpers gibt es Materie, die fähig ist, in dieser Weise zu reagieren, und deshalb sieht auch der Mensch, wenn er im Astralkörper funktioniert, alle Gegenstände, mögen sie sich hinter oder unter ihm befinden, mit gleicher Genauigkeit, ohne seinen Kopf wenden zu müssen. Die Zentren können daher nicht als Organe im gewöhnlichen Sinne des Wortes bezeichnet werden, da sich der Mensch ihrer nicht wie der Augen und Ohren zu bedienen braucht. Doch hängt von ihrer Belebung die Kraft ab, die astralen Sinne gebrauchen zu können, denn ein jedes verleiht, wenn es entwickelt wurde, dem Astralkörper als Ganzes die Fähigkeit, auf eine neue Reihe von Schwingungen zu reagieren.

Da alle Teilchen des Astralkörpers sich fortwährend in einer fließenden und wirbelnden Bewegung befinden, die jener des siedenden Wassers sehr ähnlich ist, passieren sie der Reihe nach

[20]) a. a. O. S. 148 f.

alle Zentren oder Wirbel, sodaß wieder jedes Zentrum in allen Teilchen des Körpers die Empfindlichkeit für eine bestimmte Reihe von Schwingungen erweckt und sohin als astrale Sinne in allen Teilen des Körpers gleicherweise tätig sind. Doch folgt selbst aus der vollkommenen Erweckung dieser astralen Sinne noch keineswegs, daß der Mensch auch schon fähig wird, sich im physischen Körper ihrer Tätigkeit irgendwie bewußt zu werden.

DAS ERWACHEN DER KUNDALINÎ.

Von dieser ganzen astralen Erweckung weiß der Mensch in seinem physischen Bewußtsein auch nicht das Geringste, und nur dadurch, daß dieser Vorgang der Erweckung bei den ätherischen Zentren wiederholt wird, kann der physische Körper dazu gebracht werden, all dieser Vorteile teilhaftig zu werden. Dies kann nun je nach der Yoga-Schulung, der sich der Jünger unterwirft, auf verschiedene Weise erreicht werden.

In Indien unterscheidet man sieben Yoga-Schulungen: 1. Raja-Yoga; 2. Karma-Yoga; 3. Jnâna-Yoga; 4. Hatha-Yoga; 5. Laya-Yoga; 6. Bhakti-Yoga; 7. Mantra-Yoga. In der zweiten Auflage meines Werkes „Die Meister und der Pfad" habe ich ihrer kurz Erwähnung getan; Professor Wood hat sie in seinem Buche „Raja Yoga, The Occult Training of the Hindus" ausführlich beschrieben. Alle diese Schulungen erkennen die Existenz der Chakras und ihre Bedeutung an und jede einzelne hat ihre eigene Methode, sie zur Entfaltung zu bringen. Das System des Raja-Yoga z. B. besteht darin, über jedem einzelnen der Reihe nach zu meditieren und sie durch die bloße Willenskraft in Tätigkeit zu versetzen, — eine Methode, für die sehr viel spricht. Unter allen aber wendet ihnen die größte Aufmerksamkeit die Schule des Laya-Yoga zu, die darin besteht, die höheren Kraftwirkungen des Schlangenfeuers zu erwecken und es durch ein Zentrum nach dem anderen zu zwingen.

Diese Erweckung erfordert eine entschiedene und lange fortgesetzte Willensanstrengung, denn das erste Chakra zu erwecken, bedeutet eben, die inneren Schichten des Schlangenfeuers zu erwecken. Ist dies einmal geschehen, dann werden durch diese gewaltige Kraft auch die übrigen belebt, und ihre Einwirkung auf diese hat zur Folge, daß die Kräfte, die durch die Entfaltung der jedem einzelnen entsprechenden astralen Zentren erweckt wurden, nun in das physische Bewußtsein geleitet werden.

DIE ERWECKUNG DER ÄTHERISCHEN CHAKRAS.

Wenn das zweite ätherische Zentrum bei der Milz erweckt wird, wird der Mensch fähig, sich, wenn auch oft nur teilweise, an die vagen Bewegungen zu erinnern, die er in der Astralwelt ausführt. Eine leichte und gelegentliche Stimulierung dieses Zentrums bewirkt oft die schwache Erinnerung an das beglückende Gefühl, durch die Luft zu fliegen.

Wenn das dritte Zentrum über dem Nabel in Tätigkeit gerät, beginnt der Mensch, sich in seinem physischen Körper der verschiedensten astralen Einflüsse bewußt zu werden, doch empfindet er bloß in einer ganz unbestimmten Weise manche davon als freundlich und manche als feindlich, manche Orte sind ihm angenehm, manche unangenehm, ohne daß er hiefür den geringsten Grund wüßte.

Die Stimulierung des vierten, des Herz-Zentrums bewirkt, daß der Mensch sich instinktiv der Freuden und Leiden der anderen bewußt wird und manchmal sogar deren physische Gebrechen und Schmerzen durch sein Mitleid zu reproduzieren vermag.

Die Erweckung des fünften am Halse liegenden Zentrums befähigt ihn, Stimmen zu vernehmen, die ihm manchmal verschiedene Ratschläge erteilen; auch hört er zuweilen Musik oder unangenehmes Geräusch. In voller Tätigkeit bewirkt es im Menschen Hellhörigkeit auf der ätherischen und astralen Ebene.

Wenn das sechste, zwischen den Augenbrauen gelegene Zentrum belebt wird, beginnt der Mensch „Dinge zu sehen"; er hat Wachvisionen verschiedenster Art, manchmal von Landschaften, manchmal von Menschen. Doch bedeutet dies zu Anfang, wenn die Erweckung des Zentrums eben erst eingesetzt hat, bloß eine verschwommene Wahrnehmung von Landschaften und Farbenwolken und erst die volle Belebung bringt Hellsichtigkeit mit sich.

Das Zentrum zwischen den Augenbrauen steht mit dem Sehvermögen noch in einer anderen Weise in Verbindung, denn es verleiht die Kraft, unendlich kleine physische Gegenstände vergrößert wahrzunehmen. Das Organ, das zu dieser besonderen Abart des Hellsehens dient, besteht aus einem winzigen biegsamen Röhrchen von ätherischer Materie, das — einer mikroskopisch kleinen Schlange vergleichbar — aus der Mitte des Chakra entspringt und an seinem Ende ein augenähnliches Gebilde trägt. Dieses Auge kann sich ausdehnen oder zusammenziehen, um die Kraft der Vergrößerung je nach dem Umfange des zu untersuchenden Gegenstandes ändern zu können. Auf diesen Vorgang wird auch in alten Schriften angespielt, wenn von der Fähigkeit gesprochen wird, sich nach Belieben groß oder klein zu machen. Um ein Atom zu beobachten, schafft man sich eben ein dessen Größe angepaßtes Sehorgan. Diese kleine Schlange, die in der Mitte der Stirne entspringt, wurde auch auf dem Kopfschmucke der ägyptischen Pharaonen symbolisch dargestellt, denn es wurde angenommen, daß sie als die höchsten Priester des Landes neben vielen anderen auch diese okkulte Kraft besaßen.

Nach der Erweckung des siebenten Zentrums ist der Mensch im Stande, seinen Körper durch dieses hindurch vollbewußt zu verlassen und wieder in ihn zurückzukehren, ohne die sonst eintretende Unterbrechung des Bewußtseins zu erleiden, sodaß also dessen Kontinuität Tag und Nacht aufrecht bleibt. Wenn das Schlangenfeuer in einer ganz bestimmten Reihenfolge durch alle Zentren hindurchgegangen ist, die je nach dem Typus des Menschen variiert, so funktioniert das Bewußtsein ohne jede Unterbrechung sogar bis zu dem Augenblicke, da der Mensch am Ende seines Lebens auf der Astralebene in die Himmelswelt (die niedere Mentalwelt, d. Uebers.) eingeht, sodaß es also keinen Unterschied macht, ob der physische Körper nur zeitweilig während des Schlafes verlassen wird oder die dauernde Trennung beim Eintritt des Todes erfolgt.

GELEGENTLICHES HELLSEHEN.

Der Mensch kann aber auch schon früher viele flüchtige Einblicke in die Astralwelt gewinnen, denn es kann jederzeit, auch ohne das Schlangenfeuer im Geringsten zu erwecken, eines der Chakras durch besonders starke Schwingungen vorübergehend in Tätigkeit versetzt werden. Es kann auch geschehen, daß das Schlangenfeuer nur teilweise erregt wird, und auch dann kann zeitweilig ein wenn auch krampfartiges Hellsehen bewirkt werden. Wie schon hervorgehoben wurde, äußert sich das Schlangenfeuer in sieben verschiedenen Schichten oder Kraftstufen, und so kann es sich oft ereignen, daß einem Menschen, der seine Willenskraft darauf richtet, es zu erwecken, bloß die Einwirkung auf eine einzige Schichte gelingt. Er mag dann zwar des Glaubens sein, seine Arbeit verrichtet zu haben, doch wird er bald genug entdecken, daß ihm der Erfolg versagt blieb, und so wird er sehr oft von Neuem beginnen und allmählich immer tiefer und tiefer schürfen müssen, bis schließlich nicht nur die Oberfläche angeregt, sondern das Feuer bis ins Innerste zur vollen Tätigkeit gebracht wurde.

DIE GEFAHR DER VORZEITIGEN ERWECKUNG.

Wenn diese feurige Kraft, wie sie in der „Stimme der Stille" genannt wird, durch den Willen entfacht wurde, durcheilt sie wirklich wie flüssiges Feuer den ganzen Körper in einer Bahn, die gleich einer zusammengeringelten Schlange spiralig gewunden ist. In ihrem erweckten Zustande kann man sie noch in einem anderen als dem schon erwähnten Sinne die „Weltenmutter" nennen, denn sie kann unsere verschiedenen Körper beleben, sodaß sich uns die höheren Welten nacheinander eröffnen.

Beim gewöhnlichen Menschen ruht diese Kraft unerweckt an der Basis des Rückgrates, ohne daß er während seines ganzen Lebens auch nur von ihrer Existenz weiß. Und es ist auch viel besser, sie so schlummern zu lassen, bis der Mensch eine bestimmte Stufe seiner sittlichen Entwicklung erreicht hat, bis sein Wille genügend erstarkt ist, sie zu beherrschen, und sein Denken so rein, daß er ihrer Erweckung ohne Gefahr entgegensehen kann. Niemand sollte mit dieser Kraft ohne die bestimmte Anleitung eines mit diesen Dingen vollkommen vertrauten Lehrers experimentieren, denn es sind tatsächliche und überaus ernste Gefahren damit verbunden. Einige sind rein physischer Natur; die unbeherrschte Bewegung der Kraft verursacht oft heftige Schmerzen, ja sie kann leicht Gewebe zerreißen und sogar das physische Leben zerstören. Dies ist aber noch das geringste Unheil, das so heraufbeschworen wird, denn auch höhere Körper, als der physische, können dauernden Schaden erleiden.

Sehr häufig wird durch eine vorzeitige Erweckung bewirkt, daß die Kraft im Körper statt aufwärts abwärts drängt und so nicht nur die unliebsamsten Leidenschaften erregt, sondern deren Wirkungen überdies in einem solchen Grade steigert, daß es dem Menschen unmöglich wird, ihnen Widerstand zu leisten; denn der Kraft gegenüber, die hier entfesselt wird, befindet sich der Mensch in einer ebenso hilflosen Lage, wie etwa ein Schwimmer in den Kinnbacken eines Haifisches. Solche Menschen werden dann zu Satyrn, zu Ungeheuern an Verruchtheit, denn sie sind in den Fängen einer Kraft, die jedes Maß menschlicher Widerstandsfähigkeit übersteigt. Sie eignen sich zwar wahrscheinlich auch gewisse übernormale Kräfte an, diese können sie aber nur mit einem niedrigeren Bereich der Evolution in Verbindung bringen, mit dem die Menschheit ihrer Bestimmung nach keinen Umgang pflegen soll, und wer diesem einmal verfallen ist, dem mag es erst nach mehr als einer Inkarnation gelingen, sich aus dieser Sklaverei zu befreien.

Ich übertreibe keineswegs das Furchtbare dieser Tatsachen, wie dies jemand vielleicht unwillkürlich täte, der diese Dinge nur vom Hörensagen kennt. Ich wurde selbst von Menschen, die diesem schrecklichen Schicksal verfallen waren, um Rat gefragt und habe mit eigenen Augen gesehen, was ihnen zugestoßen war. Es gibt eine Schule der schwarzen Magie, die sich dieser Kraft für derartige Zwecke mit Absicht bedient, um durch sie ein gewisses niederes Kraftzentrum zu beleben, das von denen, die dem Gesetze des Guten folgen, niemals in dieser Weise gebraucht wird. Manche Autoren leugnen die Existenz eines solchen Zentrums; doch haben mir Brahmanen aus Südindien versichert, daß es unter den Draviden Yogis gäbe, die — wenn auch nicht unbedingt mit böser Absicht — ihre Schüler darin unterweisen, sich dieses Zentrums zu bedienen. Jedenfalls lohnt es sich aber nicht, ein so großes Risiko auf sich zu nehmen, wenn man die gleichen Resultate auf eine ungefährlichere Weise erreichen kann.

Von dieser größten Gefahr abgesehen, bringt die vorzeitige Entfaltung der höheren Aspekte der Kundalinî noch viele andere unerfreuliche Möglichkeiten mit sich. Denn sie verstärkt alles in der Natur des Menschen und erfaßt viel leichter die niederen und schlechten Eigenschaften, als die guten. So bewirkt sie zum Beispiel im Mentalkörper sehr rasch das Erwachen des Ehrgeizes und steigert diesen zu einem kaum glaublichen Grade der Unbeherrschtheit. Sie kann wohl auch eine große Steigerung der Intellektkräfte, zugleich aber einen abnormalen satanischen Stolz hervorrufen, der jedem Durchschnittsmenschen unbegreiflich erscheinen muß. Es ist also ganz unklug zu glauben, der Mensch sei imstande, sich mit jeder Kraft messen zu können, die in seinem Körper erwachen kann; die hier geschilderte ist keine gewöhnliche Kraft, sondern eine, die jeden Widerstand bricht. Kein Mensch sollte es daher jemals ohne Belehrung versuchen, sie zu erwecken; bemerkt er aber, daß sie durch irgend ein Ereignis in ihm erwacht ist, dann sollte er sofort jemand um Rat befragen, der diese Dinge von Grund auf versteht.

Ich enthalte mich darum jeder Erklärung, wie diese Kraft erweckt werden kann, noch will ich die Reihenfolge erwähnen, in der die einmal erwachte Kraft durch die verschiedenen Zentren geleitet werden soll, *denn dies darf eigentlich nur auf die ausdrückliche Anregung eines Meisters hin unternommen werden, der dann während der verschiedenen Abschnitte dieses Experimentes über seinem Schüler wacht.*

Ich warne alle, die sich mit Studien auf diesem Gebiete befassen, auf das eindringlichste, irgend welche Anstrengungen zu machen, die dahin zielen, diese gewaltigen Kräfte zu erwecken, es sei denn unter einer solch berufenen Leitung, denn ich selbst habe in vielen Fällen die schrecklichen Folgen gesehen, die eintreten, wenn man sich unwissend oder schlecht beraten in diese so ernsten Dinge einläßt. Diese Kraft ist eine gewaltige Wirklichkeit, eine der Grundtatsachen in der Natur, und es kann nicht nachdrücklich genug betont werden, daß man nicht mit ihr spielen darf; denn mit ihr zu experimentieren, ohne es zu verstehen, ist viel gefährlicher, als es für ein Kind wäre, mit Nitroglyzerin zu spielen. Sehr richtig wird dies zum Ausdruck gebracht in der „Hathayoga Pradîpikâ“: „Sie schafft Befreiung dem Yogi und Knechtschaft dem Toren.“ (III, 107).

Menschen, die in diesen Dingen forschen, scheinen nur allzuoft zu glauben, daß die Naturgesetze in ihrem Falle eine besondere Ausnahme machen werden, daß die Vorsehung schon in besonderer Weise eingreifen werde, um sie vor den Folgen ihrer Torheit zu retten. Sicherlich wird sich aber nichts derartiges ereignen; wer mutwillig eine Explosion hervorruft, wird sehr wahrscheinlich ihr erstes Opfer. Viele Schwierigkeiten und Enttäuschungen würden vermieden werden, wenn man diese Menschen zur Einsicht bringen könnte, daß in allen Dingen, die mit dem Okkultismus zusammenhängen, alles, was gesagt wird, genau wörtlich zu nehmen ist und ausnahmslos für jeden Fall gilt. Die großen Gesetze des Weltalls kennen keine Bevorzugung.

Nun möchte zwar jedermann alle irgend möglichen Experimente anstellen, in der Überzeugung, daß er für die allererhabensten Lehren und für jede Stufe der Entfaltung schon vollkommen reif sei; keiner aber ist gewillt, erst geduldig an der Vervollkommnung seines Charakters zu arbeiten, seine Zeit und seine Kräfte in nutzbringender Weise für die Arbeit der Gesellschaft einzusetzen und auf alle diese anderen Dinge zu warten, bis ihn ein MEISTER wissen läßt, daß er für sie reif ist. Der alte Spruch, den ich im vorhergehenden Kapitel in einem anderen Zusammenhange zitiert habe, gilt auch hier: „Trachtet zuerst nach dem Reiche Gottes und seiner Rechtschaffenheit, und all dies wird euch zufallen!“

DAS SPONTANE ERWACHEN DER KUNDALINÎ.

Es kann vorkommen, daß die inneren Schichten des Schlangenfeuers spontan erwachen, was als dumpfes Glühen verspürt wird, und es kann sich auch in Bewegung setzen, was sich allerdings nur selten ereignet. In diesem Falle können sich starke Schmerzen einstellen, denn da die Durchgangswege dafür noch nicht bereit sind, muß es, um sich freie Bahn zu schaffen, eine große Menge ätherischer Unreinigkeiten verbrennen, was notwendigerweise Leiden verursacht. Ist das Feuer derart von selbst erwacht oder durch irgend ein Ereignis erweckt worden, dann trachtet es gewöhnlich im Inneren des Rückgrats längs der Bahn aufzusteigen, die seine niederste und sanfteste Erscheinungsform bereits eingeschlagen hat. Dann ist der Augenblick gekommen, wo, wenn irgend möglich, der Wille in Tätigkeit treten sollte, um diese Aufwärtsbewegung zum Stillstand zu bringen. Erweist sich dies als unmöglich, was leicht der Fall ist, so muß dies aber keine Beunruhigung hervorrufen: die Kraft wird dann wahrscheinlich durch das Haupt in die umgebende Atmosphäre austreten und, ein schwaches Unwohlsein ausgenommen, kaum irgend welchen Schaden anstiften. Das Schlimmste, worauf man sich gefaßt machen muß, ist eine vorübergehende Ohnmacht. Die wirklich fürchterlichen Gefahren hat nicht sein Aufwärtsdrängen, sondern die Möglichkeit im Gefolge, daß es sich abwärts und nach innen wendet.

Im Zusammenhang mit der okkulten Entwicklung besteht seine wichtigste Funktion darin, daß es die Chakras des Ätherkörpers, durch die es, wie oben beschrieben, hindurchgegangen ist, belebt und so in einem großen Maße befähigt, als Verbindungspforten zwischen dem physischen und dem Astralkörper zu dienen. In der „Stimme der Stille“ wird gesagt, daß das Schlangenfeuer, sobald es das Zentrum zwischen den Augenbrauen erreicht und voll belebt hat, die Fähigkeit verleiht, die Stimme des Meisters zu vernehmen, — womit hier die Stimme des Egos oder des höheren Selbstes gemeint ist. Diese Behauptung findet ihre Begründung in der Tatsache, daß die in Tätigkeit versetzte Schleimdrüse ein vollkommenes Verbindungsglied mit dem Astralkörper darstellt und so alle Mitteilungen von innen her vermitteln kann.

Dies gilt aber nicht nur für dieses Chakra; alle höheren Kraftzentren harren gegenwärtig noch ihrer Erweckung und ein jedes muß fähig werden, auf alle Einflüsse zu reagieren, die von den verschiedenen astralen Unterebenen herrühren. Jeder wird zur rechten Zeit diese Entfaltung erleben, doch die wenigsten werden sie während ihrer jetzigen Inkarnation erlangen können, wenn es die erste ist, in der sie daran gehen, sich mit diesen Dingen ernsthaft zu befassen. Einige Inder mögen hiebei vielleicht Erfolg haben, denn ihre Körper sind schon kraft ererbter Eigenschaften hiefür geeigneter als die der meisten anderen Menschen; für die Mehrzahl wird es aber überhaupt erst die Arbeit einer späteren Runde sein. Die Eroberung des Schlangenfeuers muß in jeder Inkarnation wiederholt werden, denn die Körper sind ja jedesmal neu, ist sie aber einmal vollkommen gelungen, dann werden diese Wiederholungen ein Leichtes sein. Auch darf die Tatsache nicht übersehen werden, daß die Wirkung des Schlangenfeuers je nach dem Typus des Menschen eine verschiedene ist; manche werden das höhere Selbst eher erschauen als seine Stimme vernehmen. Auch gibt es in der Verbindung mit dem Höheren viele Stufen: für die Persönlichkeit bedeutet sie den Einfluß des Egos, für das Ego selbst die Kraft der Monade und für die Monade wiederum bedeutet sie, daß diese zu einem bewußten Ausdruck des Logos wird.

PERSÖNLICHE ERFAHRUNGEN.

Es mag vielleicht von Nutzen sein, wenn ich über meine eigenen Erfahrungen in diesen Dingen spreche. In der ersten Zeit meines Aufenthaltes in Indien vor zweiundvierzig Jahren machte ich keine Anstrengungen, das Feuer zu erwecken; ich wußte damals wirklich nicht viel darüber und glaubte auch, daß man dazu in einem besonders psychisch veranlagten Körper geboren sein müsse, den ich nicht besaß. Eines Tages gab mir aber einer der Meister eine Anregung, die sich auf eine bestimmte Art der Meditation bezog, die diese Kraft erwecken würde. Selbstverständlich setzte ich diese Anregung sofort in die Tat um und hatte auch im Laufe der Zeit Erfolg. Ich zweifle aber nicht daran, daß er über dem Experiment wachte und mir sofort Einhalt geboten hätte, wenn es für mich gefährlich geworden wäre. Wie ich höre, gibt es gewisse indische Asketen, die ihre Schüler darin unterrichten und sie während des Prozesses natürlich unter sorgfältiger Beobachtung halten. Mir selbst ist aber keiner von ihnen bekannt noch hätte ich zu ihnen Vertrauen, es sei denn, sie wären mir von jemandem besonders empfohlen, von dem ich weiß, daß er im Besitze wirklichen Wissens ist.

Ich werde oft von Menschen gefragt, was ich ihnen anrate, um diese Kraft zu erwecken. Ich gebe ihnen dann den Rat, genau dasselbe zu tun, was ich selbst getan habe. Ich empfehle ihnen, sich mit Eifer in theosophische Arbeit zu stürzen und zu warten, bis sie einen bestimmten Auftrag von einem Meister erhalten, der es auf sich nimmt, ihre psychische Entwicklung zu überwachen, bis dahin aber die gewöhnlichen Meditationsübungen fortzusetzen, die sie schon kennen. Keinesfalls sollten sie sich den Kopf darüber zerbrechen, ob es zu dieser Entwicklung schon in dieser oder erst in der nächsten Inkarnation kommen werde. Sie sollten die Angelegenheit viel mehr vom Standpunkte des Egos als von dem der Persönlichkeit aus betrachten und dessen vollkommen sicher sein, daß die Meister stets nach solchen Menschen Ausschau halten, denen sie helfen können. Es ist ganz ausgeschlossen, daß jemand übersehen wird, und die Meister werden ihnen fraglos ihre Anweisungen geben, sobald sie die Zeit dafür als gekommen erachtet haben.

Ich habe niemals davon gehört, daß für diese Entwicklung irgendeine Altersgrenze gesetzt sei, und ich sehe auch nicht, daß das Alter irgend einen Unterschied bewirken kann, solange man sich nur vollkommener Gesundheit erfreut. Diese aber ist unbedingt nötig, denn nur ein kräftiger Organismus ist imstande, die Spannung zu ertragen, die viel ernsterer Natur ist, als jemand, der den Versuch noch nicht gemacht hat, sich vorzustellen vermag.

Die schon erweckte Kraft muß man ganz in der Gewalt haben und in einer ganz bestimmten Reihenfolge durch die Zentren leiten, die für verschiedene Menschentypen verschieden ist. Auch diese Bewegung muß, um erfolgreich zu sein, in einer ganz besonderen Weise erfolgen, die der Meister darlegen wird, sobald die Zeit dafür gekommen ist.

DAS ÄTHERISCHE GEWEBE.

Die astralen und ätherischen Zentren stehen, wie ich schon erwähnt habe, in sehr enger Beziehung zu einander; zwischen ihnen aber liegt eine Hülle, ein Gewebe, von überaus dichter Struktur, das sie in einer nicht leicht zu beschreibenden Weise durchdringt und aus einer einzigen Schichte physischer Atome besteht, die von einer besonderen Form der Lebenskraft überaus stark verdichtet und durchflutet werden. Der Strom des göttlichen Lebens, der normalerweise vom astralen in den physischen Körper fließt, ist so abgestimmt, daß er durch dieses Gewebe vollkommen ungehindert hindurchgeht; für alle anderen Kräfte aber, die sich nicht des atomischen Stoffes der beiden Ebenen als Medium bedienen können, bildet es eine absolute Schranke. Es stellt so ein von der Natur vorgesehenes Schutzmittel dar, um zu verhindern, daß sich vorzeitig eine Verbindung zwischen der astralen und physischen Ebene bildet und so eine Entwicklung einsetzt, die nur Unheil bewirken könnte.

Dieses Gewebe vereitelt unter normalen Umständen die Erinnerung an die Erlebnisse während des Schlafes und ist auch die Ursache für die augenblickliche Bewußtlosigkeit, die sich beim Tode stets einstellt. Ohne diese gütige Schutzmittel könnte der gewöhnliche Mensch, der von alledem nichts weiß und auch gänzlich unvorbereitet ist, mit diesen Bereichen in Berührung zu kommen, jederzeit durch irgend eine astrale Wesenheit unter den Einfluß von Kräften geraten, denen entgegenzutreten seine Kräfte in jeder Beziehung weit überschreiten würde, und er wäre so der dauernden Besessenheit durch jedes Wesen der Astralwelt ausgesetzt, das es gerade gelüstete, sich seines Körpers zu bemächtigen.

Man wird deshalb ohne weiteres einsehen, daß jede Beschädigung dieses zarten Gewebes schweres Unheil mit sich bringen muß und daß man daher alle Anstrengungen machen soll, um sich gegen diese Möglichkeit zu schützen. Eine solche Verletzung kann aber auf die verschiedenste Weise erfolgen, durch einen Unfall oder durch fortgesetzte schädigende Handlungen. Eine starke Erschütterung des Astralkörpers, wie z. B. ein plötzlicher furchtbarer Schrecken kann dieses zarte Gewebe leicht zerreißen und den Menschen, wie man sagt, „toll“ machen. (Natürlich kann ein Anfall von Schrecken oder Furcht auch noch auf andere Weise zu Wahnsinn führen, doch dies ist e i n e Möglichkeit.) Ein gewaltiger Zornausbruch kann die gleiche Wirkung hervorrufen, ja diese kann tatsächlich nach jeder außergewöhnlich starken bösartigen Gemütserregung eintreten, die eine Art Explosion im Astralkörper hervorruft.

DIE WIRKUNG VON ALKOHOL UND NARKOTISCHEN GIFTEN.

Die schädigenden Handlungen, die dieses Schutzgewebe auf eine mehr allmähliche Weise verletzen, zerfallen in zwei Klassen: in den Genuß von Alkohol oder narkotischen Giften und in die absichtlichen Versuche, die Pforten, welche die Natur geschlossen hält, durch einen Vorgang aufzureißen, den die Spiritisten „Sitzungen für Entwicklung" [21]) nennen. Gewisse Drogen und Getränke, insbesondere Alkohol und alle Narkotika, enthalten Stoffe, die sich beim Zerfall verflüchtigen und deren Teilchen dann von der physischen in die Astralebene gelangen. Selbst Tee und Kaffee enthalten solche Stoffe, allerdings in so unendlich geringen Mengen, daß die Wirkung gewöhnlich erst nach lange fortgesetztem Mißbrauch zu Tage tritt.

Wenn nun diese Verflüchtigung innerhalb des menschlichen Körpers vor sich geht, dann brechen die verflüchtigten Stoffteilchen durch die Chakras in einer Richtung durch, die derjenigen, in der sich diese bewegen sollen, gerade entgegengesetzt ist. Geschieht dies nun zu wiederholten Malen, so wird dadurch das zarte Gewebe ernstlich verletzt und schließlich ganz zerstört. Diese Schädigung oder Zerstörung kann nun je nach dem Typus der betreffenden Person und je nach ihrer besonderen ätherischen und astralen Struktur auf zweierlei Weise erfolgen: einerseits bewirkt der Durchbruch der verflüchtigten Partikel eine tatsächliche Verbrennung des Gewebes, wodurch allen möglichen irregulären Kräften und schlechten Einflüssen die Pforte geöffnet wird; die andere Wirkung besteht darin, daß diese flüchtigen Stoffteilchen die Atome, zwischen denen sie hindurchgehen, irgendwie verhärten, sodaß deren Schwingung in hohem Grade gehemmt und gelähmt wird und sie dann nicht mehr von jener besonderen Kraft belebt werden können, die sie mit einander zu einem Gewebe verknüpft; es tritt dann eine Art Verknöcherung des Gewebes ein, sodaß es nicht, wie im ersten Falle, einen zu großen, sondern einen viel zu geringen Durchstrom von einer Ebene zur anderen gestattet.

Welche Wirkungen diese beiden Entartungen hervorrufen, kann man an Menschen sehen, die sich dem Trunke ergeben haben. Einige von denen, die auf die erstangeführte Weise affiziert werden, verfallen dem „delirium tremens", der Besessenheit oder dem Irrsinn; doch sind dies immerhin im Verhältnis seltenere Fälle. Weit häufiger ist der zweite Fall der Entartung anzutreffen: die guten Eigenschaften des Menschen sterben sozusagen ab und er endet in gröbstem Materialismus, in Brutalität und Vertiertheit und büßt jede bessere Empfindung sowie die Fähigkeit, sich zu beherrschen, vollkommen ein. Jedes Verantwortungsgefühl ist ihm abhanden gekommen; solange er nüchtern ist, liebt er vielleicht Weib und Kind, sowie aber wieder ein Anfall der Trunksucht über ihn kommt, verwendet er das Geld, mit dem er ihnen hätte Brot kaufen sollen, zur Befriedigung seiner tierischen Gelüste, die Regungen der Liebe und Verantwortungsgefühl sind offensichtlich völlig verschwunden.

DIE WIRKUNGEN DES TABAKS.

Die zweite der eben erwähnten Wirkungsweisen kann man sehr häufig bei Menschen finden, die der Gewohnheit des Tabakrauchens verfallen sind. Immer wieder sehen wir, daß sie dieser Ge-

[21]) d. h. Entwicklung medialer Fähigkeiten. (Anm. d. Übers.)

wohnheit auch dann noch fröhnen, wenn sie ganz gut wissen, daß sie ihrer Umgebung dadurch Unbehagen und Ekel verursachen. Und hierin zeigt sich, wie tiefgehend diese Entartung ist; denn in keinem anderen Falle würde sich ein sonst wohlerzogener Mensch so gehen lassen, wenn er merkt, daß er andere dadurch aufs äußerste belästigt. Das feinere Empfinden ist eben hier ganz offensichtlich bereits in einem sehr ernsten Maße abgestumpft. Die Herrschaft, die diese schädliche Gewohnheit auf die ihr verfallenen Menschen ausübt, scheint aber so mächtig zu sein, daß sie überhaupt nicht mehr imstande sind, ihr Widerstand zu leisten, und alle besseren Instinkte in dieser wahnsinnigen und schrecklichen Selbstsucht untergehen lassen. Die üblen Wirkungen im physischen, Astral- und Mentalkörper liegen hier ganz offen zu Tage.

Der physische Mensch wird mit besonders unreinen Partikeln durchsetzt und dadurch werden Ausdünstungen so grober Art verursacht, daß sie häufig schon durch den bloßen Geruchsinn wahrgenommen werden. Ebenso wird auch der Astralkörper verunreinigt, außerdem werden viele Schwingungen in ihm abgetötet, und aus diesem Grunde findet man, daß das Rauchen — wie der Ausdruck lautet — „auf die Nerven so beruhigend wirkt". Wollen wir aber okkulte Fortschritte machen, dann dürfen weder Schwingungen des Astralkörpers abgetötet noch dieser selbst mit fauligen und vergifteten Stoffen belastet sein. Wir müssen im Gegenteil fähig werden, augenblicklich auf Schwingungen jeder Wellenlänge zu reagieren und uns doch zugleich vollkommen zu beherrschen. Unsere Wünsche müssen, von unserer Vernunft gelenkt, uns gleich wohlgezügelten Pferden dorthin führen, wohin w i r wollen, nicht aber, wie die schädliche Gewohnheit des Rauchens, mit uns durchgehen und uns in Situationen bringen, von denen unser höchstes Ich weiß, daß es niemals in ihnen angetroffen werden sollte. Die unheilvollen Wirkungen dieser Gewohnheit dauern aber auch noch nach dem Tode an; es wird eine Verknöcherung und Lähmung des ganzen Astralkörpers bewirkt, sodaß der Mensch für eine lange Zeit, die sich über Wochen und Monate erstreckt, hilflos, erstarrt, fast bewußtlos bleibt, wie in einem Gefängnis eingesperrt, unfähig, mit seinen Freunden in Verbindung zu treten und während der ganzen Zeit tot für alle höheren Einflüsse.

Steht es wirklich dafür, all dies wegen eines kleinlichen Sichgehenlassens auf sich zu nehmen? Für jeden, der sich wirklich vornimmt, seine Körper zu entwickeln, die Chakras zu erwecken und auf dem Pfade der geistigen Entfaltung Fortschritte zu machen, sollte Tabak als schädlich sorgfältigst vermeiden.

Alle Einflüsse, die von einer Ebene zur anderen gelangen, sollen, wie auseinandergesetzt wurde, durch die atomischen Unterebenen vermittelt werden. Der Zersetzungsprozeß, von dem eben die Rede war, infiziert aber nicht nur die atomische, sondern auch die Materie der zweiten und dritten Unterebene; es kann dann also eine Verbindung zwischen Astral- und Ätherkörper nur mehr in dem Falle stattfinden, wenn eine Kraft, die nur auf den tieferen Unterebenen wirkt, wo bloß unerfreuliche und schlechte Einflüsse herrschen, so stark ist, daß sie vermöge der Heftigkeit ihrer Schwingung eine Antwort erzwingt.

DAS ÖFFNEN DER PFORTEN.

Obwohl die Natur zum Schutze der Zentren solche Vorsichtsmaßregeln getroffen hat, so ist es doch nicht in ihrer Absicht gelegen, sie für immer fest verschlossen zu halten, und es gibt auch eine angemessene Methode, sie zu öffnen. Richtiger wäre es vielleicht, zu sagen, daß hiebei zwar nicht bezweckt wird, diese Pforten auch nur ein klein wenig weiter zu öffnen, als sie es schon sind, sondern daß sich der Mensch dahin entfalten soll, daß er fähig ist, auf diesem ihm von der Natur zuerkannten Wege immer mehr Kräfte herüberzuleiten.

Das Bewußtsein des gewöhnlichen Menschen kann sich vorläufig weder im physischen noch im Astralkörper rein atomischer Materie bedienen und deshalb besteht auch für ihn normalerweise keine Möglichkeit, willkürlich eine bewußte Verbindung zwischen diesen beiden Bereichen herzustellen. Um auf dem gehörigen Wege dahin zu gelangen, müssen erst beide Körper derart geläutert werden, daß in beiden die atomische Materie völlig belebt ist und jeder Kräfteaustausch sich längs dieser Bahn abspielen kann. Dann bleibt dem Gewebe seine Bestimmung und Funktion in vollem Maße erhalten; es stellt dann eben keine Schranke mehr für eine vollendete Verbindung dar, erfüllt aber weiter seinen Zweck, die enge Berührung zwischen niedrigeren Unterebenen hintanzuhalten, die nur den Durchstrom der verschiedensten unerwünschten Einflüsse gestatten würde.

Aus diesem Grunde werden wir immer wieder eindringlich beschworen, mit der Entwicklung psychischer Kräfte solange zu warten, bis sie sich im natürlichen Verlaufe der Dinge als Folge der Charakterentwicklung einstellen, und soweit wir aus der Erforschung der Kraftzentren ersehen haben, wird dies auch sicherlich eintreten. Das ist die natürliche Entwicklung, das ist die einzig sichere Methode, denn durch sie empfängt der Jünger alle Vorteile und vermeidet alle Gefahren. Das ist der Pfad, den unsere MEISTER einst gewandelt sind und das ist daher auch unser Pfad!

FÜNFTES KAPITEL

LAYA-YOGA

FÜNFTES KAPITEL

LAYA-YOGA

DIE WERKE DER HINDU.

Die in meinem vorliegende Werke enthaltenen Abhandlungen über die Chakras habe ich zum größten Teile vor etwa zwanzig Jahren niedergeschrieben, zu einer Zeit, da mir die ausgedehnte Sanskrit-Literatur über dieses Gebiet nur zu einem sehr geringen Teile bekannt war. Seither sind jedoch einige bedeutende Werke, welche die Chakras behandeln, in englischer Sprache herausgegeben worden, darunter „The Serpent Power" (eine Übersetzung des „Shatchakra Nirûpana") von Arthur Avalon, ferner „Thirty Minor Upanishads" in der Übersetzung von K. Narayanaswami Aiyar und „The Shiva Samhita" in der Übersetzung Sri Chandra Vidyarnava's. Diese Werke befassen sich eingehend mit den Chakras im Besonderen, doch gibt es noch viele andere, in denen die Chakras nur beiläufig gestreift werden. Avalon's Werk enthält auch eine Reihe ausgezeichneter farbiger Abbildungen aller Chakras in der von den Hindu-Yogis stets verwendeten symbolischen Darstellungsform. Dieses Gebiet hinduistischen Wissens wird nun auch im Abendland allmählich bekannt und so will ich in den folgenden Abschnitten versuchen, meinen Lesern einen ganz kurzen Ueberblick darüber zu geben.

DIE INDISCHE LISTE DER CHAKRAS.

Die in diesen Sanskrit-Werken erwähnten Chakras sind mit den heute von uns gesehenen bis auf den einen Umstand identisch, daß — wie ich schon einmal erwähnt habe — an die Stelle des Milz-Zentrums ihr Swadisthana-Zentrum gesetzt wird. Die Angaben, die in diesen Werken über die Anzahl der „Blumenblätter" enthalten sind, weisen zwar unter einander geringe Abweichungen auf, im Großen und Ganzen stimmen sie aber mit der von mir gegebenen Beschreibung vollkommen überein, wenngleich sie aus irgendeinem Grunde das Scheitel-Zentrum nicht einbeziehen und sich daher auf sechs Chakras beschränken. Das Scheitel-Zentrum erwähnen sie als das „Sahasrâra Padma" (die tausendblättrige Lotos). Auch das kleinere zwölfblättrige Chakra inmitten des Scheitel-Chakras wurde von ihnen beobachtet und entsprechend verzeichnet. Beim sechsten Chakra ist von zwei statt von sechsundneunzig Blumenblättern die Rede, was zweifellos auf die Zweiteilung der Scheibe dieses Zentrums zurückzuführen ist, die ich im I. Kapitel erwähnt habe.

Die Abweichungen in den Angaben über die Anzahl der Blumenblätter sind jedoch nicht von Bedeutung. So spricht z. B. die „Yoga-Kundalinî-Upanishad" von sechzehn Blumenblättern im

Herz-Chakra statt von zwölf; ferner erwähnen die „Dhyanabindu Upanishad“ wie auch die „Shandilya-Upanishad“ zwölf statt zehn Speichen im Nabel-Chakra. Eine Reihe von Werken nennt noch als Zentren von großer Bedeutung ein weiteres Chakra unterhalb des Herzens und verschiedene Zentren zwischen dem Stirn- und Scheitel-Chakra. In der „Adhyanabindu Upanishad“ heißt es zwar, daß die „Lotos des Herzens“ acht Blätter besitze, was jedoch dort darüber gesagt wird, wie dieses Zentrum in der Meditation benützt werden soll, läßt, wie wir später sehen werden, darauf schliessen, daß es sich hier um das eben erwähnte sekundäre Herz-Chakra handelt. Auch in den Angaben über die Farbe der „Blumenblätter“ herrscht einige Verschiedenheit, wie die folgende Tabelle zeigt, in der die Angaben einiger Hauptwerke mit unserer eigenen Aufstellung verglichen werden:

Farben der Lotosblätter				
CHAKRA	LT. UNSEREN BEOBACHTUNGEN	SHATCHAKRA-NIRUPANA	SHIVA-SAMHITA	GARUDA-PURANA
1.	Feuriges Orangerot	Rot	Rot	. . .
2.	Glühend, sonnenähnlich	Zinnoberrot	Zinnoberrot	Sonnenähnlich
3.	Verschiedene Schattierungen von Rot u. Grün	Blau	Gold	Rot
4.	Gold	Zinnoberrot	Dunkelrot	Gold
5.	Blau, silberig funkelnd	Wolkiges Purpur	Strahlend golden	Mondähnlich
6.	Gelb und Purpur	Weiß	Weiß	Rot

Tabelle V.

Es ist weiter nicht verwunderlich, daß in diesen Angaben solche Unterschiede zu verzeichnen sind, denn zweifellos variieren die Chakras verschiedener Menschen und Rassen ebenso wie die Fähigkeiten der Beobachter. Die im I. Kapitel enthaltenen Berichte sind das Ergebnis sorgfältiger Beobachtungen einiger abendländischer Forscher, die keine Vorsichtsmaßnahme außer Acht gelassen haben, ihre Aufzeichnungen untereinander zu vergleichen und ihre Resultate auf ihre Richtigkeit zu prüfen.

Die Darstellungen der Chakras, die von den Hindu-Yogis für den Gebrauch ihrer Schüler angefertigt wurden, sind stets rein symbolisch und geben in keiner Weise das wahre Aussehen der Chakras wieder, mit der Ausnahme, daß hiebei gewöhnlich versucht wird, Farbe und Anzahl der Blumenblätter anzudeuten. Inmitten einer jeden solchen Darstellung findet man eine geometrische Figur, einen Sanskrit-Buchstaben, ein Tier und zwei Gottheiten, eine männliche und eine weibliche. Abb. 10 gibt eine solche Darstellung der Zeichnung des Herz-Chakras wieder, die Arthur Avalon's

Werk „The Serpent Power" entnommen ist, und es soll nun versucht werden, die verschiedenen in ihr enthaltenen Symbole zu deuten.

Abb. 10

DIE ABBILDUNGEN DER CHAKRAS.

Der Laya- oder Kundalinî-Yoga strebt nach dem gleichen Ziele wie jedes andere System des indischen Yoga: der Vereinigung der Seele mit Gott, und um diese zu erreichen, sind stets drei verschiedene Arten innerer Anstrengung vonnöten: solche der Liebe, des Denkens und des Handelns. Wenn man nun auch in einer bestimmten Yogaschulung vor allem den Willen gebrauchen muß (wie z. B. in der Lehre der Yoga-Sutras des Patanjali) und in einer anderen wieder besonders Entfaltung selbstloser Liebe vorgeschrieben wird (wie in der Unterweisung, die Sri Krischna in der Bhagavad Gita seinem Schüler Ardschuna erteilt), so wird doch immer betont, daß man sich in allen drei Richtungen schulen müsse. So schreibt Patanjali seinen Kandidaten zu Anfang eine Reihe Übungen in „Tapas“ oder Anstrengungen der Läuterung, „Svadhyaya“ oder Studium der geistigen Dinge, und „Ishvara-Prânidhana“ oder Ergebung in Gott zu allen Zeiten, vor. In ähnlicher Weise fügt Sri Krischna, nachdem er seinem Schüler auseinandergesetzt hat, daß Weisheit das wertvollste Mittel des Dienstes und die größte Opfergabe sei, die man darbringen könne, hinzu, daß diese nur durch Hingebung, Forschung und Dienst gewonnen werden könne, und beschließt seine Unterweisung mit den Worten: „Die Weisen, die Seher der Wahrheit, sie werden dich die Wahrheit lehren.“ In dem Werke „Zu Füßen des Meisters“ von J. Krishnamurti, in dem die Lehren des Ostens ihre jüngste Auferstehung gefunden haben, stoßen wir auf dieselbe Dreiheit: die dort angegebenen Grunderfordernisse begreifen Unterscheidungskraft, richtige Lebensführung und die Entfaltung der Liebe zu Gott, zum Guru oder Lehrer und zum Menschen in sich.

Will man die Diagramme der Chakras, wie sie von den indischen Yogis benützt werden, richtig verstehen, so muß man sich vor Augen halten, daß sie dazu bestimmt sind, dem Schüler bei seinem Fortschritt in allen diesen drei Richtungen zu helfen. Er muß das Wissen um den Aufbau und das Wesen der Welt und des Menschen erwerben (das, was wir heute Theosophie nennen), und durch Anbetung der Gottheit die Fähigkeit tiefster und eifriger Hingebung entfalten, während er gleichzeitig bemüht ist, die inneren Schichten der Kundalinî zu erwecken und diese (weiblich, denn von dieser Kraft wird stets als von einer Göttin gesprochen) rund durch die Chakras zu leiten. Da alle diese drei Ziele berücksichtigt sind, finden wir in jedem Chakra einige Symbole, die sich mit Belehrung und Hingabe befassen, und die deshalb nicht notwendigerweise anzusehen sind als ob sie einen wesentlichen oder wirksamen Bestandteil der Chakras ausmachten. Ein Analogon hiezu finden wir, um ein Beispiel aus dem Abendland anzuführen, in den Gottesdiensten — den gemeinschaftlichen Yogaübungen — der Liberal-Katholischen Kirche; auch hier strebt man danach, gleichzeitig mit der Ausübung der Magie, die in ihren Riten enthalten ist, die Hingebung zu steigern und geistige Erkenntnis zu vermitteln.

Wir dürfen auch nicht vergessen, daß die umherziehenden oder in Wäldern lebenden Yogis früherer Tage nur selten ihre Zuflucht zu den damals existierenden Palmblatt-Manuskripten nehmen konnten und daher memnotechnische Behelfe benötigten, wie sie viele dieser Symbole darbieten. Zu Zeiten saßen sie auch zu Füßen ihres Gurus und nur mit Hilfe von Aufzeichnungen wie diese symbolischen Darstellungen vermochten sie die Erinnerung an die Theosophie, die sie bei solchen Gelegenheiten lernten, zu bewahren und diese anderen wiederzugeben.

DAS HERZ-CHAKRA.

Es ist hier nicht möglich, eine volltsändige Erklärung aller Chakra-Darstellungen auch nur zu versuchen, und so wird ein Hinweis darauf genügen müssen, worum es sich im Falle des Herz- oder Anahata-Chakra handelt, das unsere Abbildung wiedergibt. Eine der größten Schwierigkeiten bringt hiebei der Umstand mit sich, daß es für die meisten der in diesen Darstellungen verwendeten Symbole mehrere Deutungen gibt und daß die indischen Yogis dem Forscher eine undurchdringliche Mauer der Verschwiegenheit, eine steinharte Abgeneigtheit entgegensetzen, ihre Erkenntnisse und

Gedanken niemand anderem als dem Schüler mitzuteilen, der sich in den „status pupillari“ mit dem festen Vorsatz begibt, sich ganz der Aufgabe des Laya-Yoga zu widmen und, wenn nötig, sein ganzes Leben daran zu verwenden, um in ihm erfolgreich zu sein.

Das Herz-Chakra wird in V. 22—27 des Shatchakra Nirûpana beschrieben; nachstehend gebe ich A. Avalons Übersetzung in zusammengefaßter Form wieder:

> „Die Farbe des Herz-Lotos ist die der Bandhuka-Blume (rot), auf ihren zwölf Blumenblättern sind die Buchstaben KA bis THA mit dem Bindu darüber in zinnoberroter Farbe angebracht. In ihrer Fruchthülle befindet sich das sechseckige Vayu-Mandala in Rauchfarbe und darüber das Surya-Mandala mit dem Trikona, strahlend wie wenn zehn Millionen Blitze darin aufleuchteten. Darüber der Vayu-Bija, rauchig gefärbt, auf einer schwarzen Antilope reitend, vierarmig und den Stachelstab (Ankhusha) tragend. In seinem Schoße ruht der dreiäugige Ischa. Wie Hangsa (Hangsaba) breitet er seine beiden Arme aus, Wohltun verheißend und Furcht zerstreuend. In der Fruchthülle der Lotos, auf einer roten Lotos sizend, befindet sich die Schakti Kâkinî; sie ist vierarmig, trägt die Schlinge (Pashah) und den Schädel (Kapala) und macht das Zeichen des Wohltuns (Kara) und der Furchtzerstreuung (Abhaya). Sie ist golden gefärbt, mit einem gelben Gewande bekleidet und trägt die verschiedensten Juwelen sowie einen Kranz von Knochen. Ihr Herz ist durch Nektar besänftigt. In der Mitte des Trikona ist Schiwa in Gestalt eines Vâna-Linga mit dem zunehmenden Monde und dem Bindu auf seinem Haupte; auch er ist golden gefärbt und blickt freudig, von Wünschen erregt, drein. Unter ihm befindet sich der Jivatma-gleiche Hangsa, wie die stetig brennende, spitz zulaufende Flamme einer Lampe.
>
> Unterhalb der Fruchthülle dieser Lotos befindet sich die rote achtblättrige Lotos mit aufwärtsgerichtetem Haupte. In ihr ist der Kalpabaum und der mit Juwelen gezierte, von einem Baldachin überschattete und mit Fahnen und dergleichen geschmückte Altar, der Platz mentaler Anbetung.“ [22])

BLUMENBLÄTTER UND BUCHSTABEN.

Wie bereits an früherer Stelle dargelegt wurde, werden die Blätter aller dieser „Lotosblumen“ durch die Primärkräfte hervorgerufen, die längs der Speichen des Rades in den Körper einfließen. Die Anzahl der Speichen wird durch die Zahl der verschiedenen Aspekte der durch ein gegebenes Chakra einfließenden Primärkraft bedingt. In dem uns vorliegenden Falle sind es zwölf Blumenblätter und jeder der ihnen zugeordneten Buchstaben symbolisiert augenscheinlich einen Aspekt oder Teil der gesamten durch dieses Chakra in den Körper gelangenden schöpferischen Lebenskraft. Die hier angegebenen Buchstaben reichen von KA bis THA und folgen einander in der gewöhnlichen Reihenfolge des Sanskrit-Alphabets. Dieses Alphabet ist außerordentlich wissenschaftlich aufgebaut — die Sprachen des Abendlandes haben wohl nichts aufzuweisen, das ihm gleich käme. Seine 49 Buchstaben werden gewöhnlich in der folgenden tabellarischen Form angeordnet. (Um sie auf die für die 50 Blumenblätter der sechs Chakras notwendige Anzahl zu ergänzen, wird ihnen ein weiteres Zeichen für KSCHA hinzugefügt):

16 VOKALE
अ a आ â इ i ई î उ u ऊ û ऋ ṛ ॠ ṝ ऌ ḷ ॡ ḹ ए e ऐ âi ओ o औ au ं ṁ ः h

[22]) A. Avalon, „The Serpent Power“, 2. Aufl. S. 64.

33 KONSONANTEN					
KEHLLAUTE	क ka	ख kha	ग ga	घ gha	ङ ña
GAUMENLAUTE	च ca	छ cha	ज ja	झ jha	ञ ña
KOPFLAUTE	ट ṭa	ठ ṭha	ड ḍa	ढ ḍha	ण ṇa
ZAHNLAUTE	त ta	थ tha	द da	ध dha	न na
LIPPENLAUTE	प pa	फ pha	ब ba	भ bha	म ma
HALBVOKALE	य ya	र ra	ल la	व va oder wa	
ZISCHLAUTE	श ça	ष ṡa	स sa		
HAUCHLAUT	ह ha				

Tabelle VI.

Vom Gesichtspunkt der Yogapraxis aus betrachtet soll dies Alphabet die Gesamtsumme aller menschlichen Laute enthalten, um in sprachlicher Hinsicht ein materiell erweiterter Ausdruck des einen schöpferischen Tones oder Wortes zu sein. Gleich dem heiligen Worte AUM (der Ton, der hintem im Munde mit A beginnt, die Mitte mit U überschreitet und auf den Lippen mit M endet), stellt es jede Möglichkeit schöpferischer Sprache und damit eine Reihe von Kräften dar, denen die einzelnen Buchstaben folgendermaßen zugeordnet sind: die 16 Vokale dem Hals-Chakra, KA bis THA dem Herz-Chakra, DA bis PHA dem Nabel-Chakra, BA bis LA dem Milz-Chakra und VA bis SA dem Wurzel-Chakra; Ha und Ksha sind dem Ajnâ-Chakra zugeteilt; die Sahasrara-Lotos oder das Scheitel-Chakra soll das ganze Alphabet zwanzigmal genommen enthalten.

Warum diese Buchstaben gerade diesen Chakras zugeordnet wurden, ist nicht ersichtlich, doch wächst die Summe der Kräfte in demselben Verhältnis, um je höhere Chakras es sich handelt. Es ist deshalb auch möglich, daß die Begründer des Laya-Yoga-Systems, die über eine detaillierte Kenntnis all dieser Kräfte verfügt haben mochten, zu deren Bezeichnung die Buchstaben in ähnlicher Weise verwendeten, wie wir geometrische Größen oder Radium-Emanationen mit Buchstaben bezeichnen.

Die auf diese Buchstaben gerichteten Meditationsübungen stehen offenbar in irgendeiner Beziehung zu dem Vorgange, den man, um einen Satz aus der „Stimme der Stille" zu gebrauchen, das

Erreichen „des inneren Tones, der den äußeren tötet“ nennen kann. Die auf wissenschaftliche Erkenntnis beruhende Meditation der Hindus beginnt mit der Konzentration auf einen in der Vorstellung festgehaltenen Gegenstand oder einen Laut, und erst wenn es dem Yogi gelungen ist, sein Bewußtsein ständig auf diesen Gegenstand gerichtet zu halten, geht er daran, dessen innere Bedeutung zu erfassen. So vergegenwärtigt er sich in einer Meditation über den Meister erst dessen physische Erscheinung und trachtet dann, die Gefühle des Meisters zu empfinden, seine Gedanken zu verstehen, u. s. f. —

Wendet sich der Yogi dem Gegenstand des Tones zu, so versucht er, von dem Laut, wie wir ihn kennen und aussprechen, zu der verborgenen Eigenschaft und Kraft dieses Lautes vorzudringen, was ihn in den Stand setzt, sein Bewußtsein von einer Ebene zur anderen zu erheben. Man kann sich hiebei etwa vorstellen, daß die Gottheit alle Seinsstufen durch Sprechen eines Alphabetes schuf, dessen niedrigste Ausdrucksform auf der tiefsten Spirale unser gesprochenes Wort ist. In der Methode des Laya-Yoga trachtet nun der Schüler, durch innere Versenkung („Laya“) diesen Weg zurückzuwandeln und so der Gottheit näher zu kommen. So werden wir auch in „Licht auf den Pfad“ aufgefordert, dem Liede des Lebens zu lauschen und zu versuchen, dessen verborgene oder höhere Töne zu erhaschen.

DIE MANDALAS.

Der sechseckige Mandala oder „Kreis“, der den Raum der Fruchthülle des Lotos einnimmt, soll das Element Luft symbolisieren. Jedes Chakra steht nach der Annahme der Hindus in einer besonderen Beziehung zu einem der Elemente „Erde“, „Wasser“, „Feuer“, „Luft“, „Äther“ und „Geist“, die aber nicht als Elemente im Sinne unserer modernen Chemie, sondern als Zustände unserer Materie anzusehen sind. Sie entsprechen deshalb vielmehr unseren Bezeichnungen fest, flüssig, feurig oder gasförmig, luftförmig und ätherisch und in gewisser Weise auch den „Unterebenen“ und „Ebenen“, wie der physischen, astralen, mentalen Ebene u.s.f. — Diese Elemente werden durch bestimmte Yantras oder Diagramme symbolischen Charakters dargestellt, die in der Fruchthülle der Lotos-Zeichnungen erscheinen und im „Shatchakra Nirupana“ folgendermaßen wiedergegeben werden:

CHAKRA	ELEMENT	FORM	FARBE
1	Erde	ein Quadrat	Gelb
2	Wasser	ein zunehmender Mond	Weiß
3	Feuer	ein Dreieck	Hellrot
4	Luft	zwei einander durchdringende Dreiecke (eine sechseckige Figur)	Rauchfarben
5	Äther	ein Kreis	Weiß
6	Geist	.....	Weiß

Tabelle VII.

In dieser Aufstellung wird manchmal orange-rot statt gelb, blau statt rauchfarben und im fünften Chakra schwarz statt weiß angegeben, wobei jedoch bemerkt wird, daß schwarz dort als Ersatz für Indigo oder dunkelblau gilt.

Den abendländischen Leser wird es wohl merkwürdig anmuten, daß der Verstand zu den Elementen gezählt wird, nicht aber den Hindu, der den Verstand auch nur als ein Werkzeug des Bewußtseins ansieht, denn er betrachtet alles von einem sehr hohen Standpunkt, offenbar sehr oft von dem der Monade aus. So sagt Sri Krischna im VII. Gesang der Bhagavad Gita: „Erde, Wasser, Feuer, Luft, Äther, Manas, Buddhi und Ahamkara — das ist die achtfache Teilung meiner Offenbarung" (Prakriti). Ein wenig später spricht er von diesen acht als „meine niedere Manifestation".

Wie schon angedeutet wurde, besteht zwar eine Beziehung der Elemente zu den verschiedenen Ebenen, doch scheinen die Chakras selbst in keinem besonderen Zusammenhang mit diesen zu stehen. Sicherlich gedenkt aber der Yogi, wenn er über diese Elemente und die ihnen zugeordneten Symbole in jedem Chakra meditiert, der verschiedenen Ebenen und so kann ihm diese Meditation als Mittel dazu dienen, sein Bewußtsein über die Stufen der Ebene, in der es gerade wirkt, bis zur siebenten und höchsten Ebene und von dieser aus zu einer etwas noch höheren zu erheben.

Abgesehen von der Möglichkeit, bei vollem Bewußtsein auf eine höhere Ebene zu gelangen, haben wir hier ein Mittel, das Bewußtsein so hoch zu erheben, daß es Einwirkungen einer höheren Welt empfinden und Eindrücke von dort empfangen kann. Die Kräfte oder Einflüsse, die auf diese Weise empfangen und verspürt werden, sind ohne Zweifel der „Nektar", von dem diese Werke sprechen und über den im Zusammenhange mit dem Aufsteigen der erweckten Kundalinî zum höchsten Zentrum noch mehr zu sagen sein wird.

DIE YANTRAS.

In seinem Werke „Die feinen Naturkräfte" veröffentlichte Paṇḍit Râma PRASÂD eine anregende Studie über die Gründe für die geometrischen Figuren der Yantras [23]). Seine Erklärungen sind zu ausführlich, um hier wiedergegeben zu werden, doch wollen wir einige seiner wichtigsten Gedanken ganz kurz zusammenfassen. Er führt aus, daß gerade so wie es einen Lichtäther gibt, der das Licht unseren Augen vermittelt, es besondere Äther-Arten auch für jede andere Form der Sinneswahrnehmung — wie die des Riechens, Schmeckens, Tastens und Hörens — geben müsse. Diese Sinne stehen mit den Elementen, die durch die Yantras symbolisiert werden, in Wechselbeziehung, und zwar Geruch mit dem festen (Viereck), Geschmack mit dem flüssigen (Halbmond), Gesicht mit dem gasförmigen (Dreieck), der Tastsinn mit dem luftförmigen (Sechseck) und Gehör mit dem ätherischen Element (Kreis). Die Fortpflanzung des Tones erfolgt, wie Râma Prasâd darlegt, kreisförmig, d. h. durch Strahlung nach allen Richtungen, daher der Kreis in der Abbildung des fünften Chakras Das Licht pflanzt sich seinen Ausführungen zufolge in der Form eines Dreiecks fort, denn jeder Punkt der Lichtwelle führe gleichzeitig eine kleine Bewegung vorwärts und rechtwinklig zur Fortpflanzungsrichtung aus, sodaß die vollzogene Bewegung ein Dreieck ergibt; daher das Dreieck in der Darstellung des dritten Chakras. Er legt ferner dar, daß auch die Empfindungen des Tast-, Ge-

[23]) a. a. O., S. 2 ff.

schmacks- und Geruchssinnes durch Bewegungen im Äther bewirkt werden, und gibt auch die Gründe für die symbolischen Figuren an, die wir in den betreffenden Chakradarstellungen mit diesen Sinnen verbunden finden.

DIE TIERE.

Die Antilope ist wegen ihrer Schnellfüßigkeit ein passendes Symbol für das Element Luft. Das Bija oder „Samenmantra", d. i. der Laut, in dem sich die Kraft kundgibt, die das Element beherrscht, ist in unserem Falle YAM; er besteht aus Y, dem ein gewöhnliches A mit einem nasalen Nachton folgt, wie er uns in der französischen Sprache so oft begegnet, der durch einen Punkt über dem Buchstaben bezeichnet wird. In der hier wiedergegebenen Darstellung des Herz-Chakras ist in diesem Punkte die Gottheit, die in diesem Zentrum verehrt werden soll, — der dreiäugige Ischa — abgebildet.

Andere in diesen symbolischen Darstellungen der Chakras vorkommende Tiere sind der Elefant, der wegen seiner festen Konstitution dem Element Erde und wegen seiner Tragkraft dem Element Äther zugeordnet ist, ferner das Makara, das Krokodil, das dem „Wasser" des zweiten Chakra, und der Widder (offenbar als ein feuriges und aggressives Tier angesehen), der dem dritten Chakra beigesellt ist. Für gewisse Zwecke soll sich der Yogi vorstellen, wie er selbst auf diesen Tieren sitzt und die Kräfte übt, die ihren Eigenschaften zugeschrieben werden.

DIE GOTTHEITEN.

Ein überaus tiefer Gedanke liegt vielen dieser Mantras zugrunde, wie man an dem Beispiele des heiligen Wortes AUM zeigen kann. Es besteht, so wird gesagt, aus vier Teilen: A, U, M und Ardhamatra. In der „Stimme der Stille" wird darauf mit den folgenden Worten hingewiesen:

> „Dann kannst Du zwischen den Schwingen des Großen Vogels ruhen. Ja, süße Ruhe erwartet Dich zwischen den Fittichen Dessen, der nicht geboren wird und nicht stirbt, sondern AUM ist durch die Ewigkeit."

Und Frau Blavatsky spricht in einer Fußnote zu dieser Stelle von dem „Großen Vogel" als

> „Kala Hamsa, der Vogel oder Schwan. Die Nâdabindu-Upanishad (Rig-Veda), übersetzt von der Kumbakonam Theosophischen Gesellschaft, sagt: „Die Silbe A wird als Hamsas rechter Flügel, U als sein linker, M als sein Schwanz und Ardhamatra (das Halbmetrum) als sein Kopf betrachtet."

Wenn der Yogi in seiner Meditation die dritte Silbe erreicht hat, geht er zur vierten über, der Stille, die nun folgt, und in dieser Stille denkt er an die Gottheit.

In den verschiedenen Werken werden den einzelnen Chakras verschiedene Gottheiten zugeordnet. So setzt z. B. das „Shatchakra Nirupana" Brahma in das erste, Vishnu in das zweite, Shiva in das dritte und verschiedene Erscheinungsformen Shivas in die folgenden Chakras. Das „Shiva-Samhita" und einige andere Werke erwähnen dagegen Ganescha (den elefantenhäuptigen Sohn Shivas) im ersten, Brahma im zweiten und Vishnu im dritten Chakra. Diese Unterschiede gehen offen bar auf die verschiedenen Sekten zurück, für deren Gläubige diese Werke bestimmt waren.

In dem uns vorliegenden Beispiel sehen wir, daß dem Ischa als weibliche Gottheit die Shakti Kâkinî beigesellt ist. Shakti bedeutet Kraft oder Stärke; so ist z. B. die Shakti des Verstandes die Gedankenkraft. Jede Darstellung der sechs Chakras weist eine der weiblichen Gottheiten Dâkinî, Râkinî, Lâkinî, Kâkinî, Shâkinî und Hâkinî auf, die manchmal mit den Kräften identifiziert werden, welche die verschiedenen „Dhâtus" oder Substanzen des Körpers beherrschen. In unserer Darstellung des Herz-Chakras wird Kâkinî auf einer roten Lotosblume sitzend mit Armen abgebildet, welche vier Kräfte oder Funktionen symbolisieren. Mit zweien ihrer Hände macht sie wie Ischa die Zeichen der Verheißung des Wohltuns und der Zerstreuung der Furcht, während die beiden anderen eine Schlinge (eine andere Form des Symbols des Henkelkreuzes) und einen Schädel halten (wahrscheinlich ein Symbol der erschlagenen niederen Natur).

DIE KÖRPER-MEDITATION.

Die für die einzelnen Chakras vorgeschriebenen Meditationen werden zuweilen auf den Körper als Ganzes bezogen, wie aus dem folgenden Auszug der „Yogatattwa-Upanishad" hervorgeht.

„Es gibt fünf Elemente: Erde, Wasser, Feuer, Luft und Äther. Für den Körper der fünf Elemente gibt es daher eine fünffältige Konzentration. Von den Füßen bis zu den Knieen, so wird gesagt, reicht die Zone des Elementes Erde; seine (symbolische) Form ist ein Viereck, seine Farbe ist gelb und sein Buchstabe LA. Die Meditation sollte in der Weise erfolgen, daß man den Atem mit dem Buchstaben La durch die Region der Erde (von den Füßen bis zu den Knieen) führt unter gleichzeitiger Kontemplation des viergesichtigen goldfarbigen Brahma.

Die Region des Elementes Wasser erstreckt sich von den Knieen bis zum After. Seine Form ist der Halbmond, seine Farbe weiß, sein Bija (Samen-Mantra) VA. — Während er den Atem mit dem Buchstaben VA die Region des Wassers entlang führt, sollte der Yogi über den Gott Narayana als vierarmig, mit gekröntem Haupte und von kristallklarer Farbe, in orangefarbene Kleider gehüllt und unvergänglich, meditieren . . . .

Zwischen dem After und dem Herzen, so wird gesagt, erstreckt sich die Region des Elementes Feuer. Seine Form ist ein Dreieck, seine Farbe rot und sein Bija oder Same ist der Buchstabe RA. Während er den durch den Buchstaben RA strahlend gemachten Atem durch die Region des Feuers erhebt, sollte der Yogi über Rudra meditieren, den dreiäugigen, der alle Wünsche erfüllt, der in der Farbe der Mittagssonne erstrahlt, über und über mit heiliger Asche bestrichen, mit befriedigter Miene dreinschauend . . . . .

Vom Herzen bis in die Mitte zwischen den Augenbrauen erstreckt sich, wie es heißt, die Region des Elementes Luft. Seine Form ist das Sechseck, seine Farbe schwarz und es leuchtet im Buchstaben YA. Während er den Atem durch die Zone der Luft führt, sollte der Yogi über Ischwara, den allwissenden, als den auf allen Seiten mit einem Gesicht begabten, meditieren . . .

Zwischen dem Zentrum der Augenbrauen und dem Scheitel liegt, so wird gesagt, die Zone des Elementes Äther. Seine Form ist der Kreis, seine Farbe rauchig und es leuchtet im Buchstaben HA. Während man den Atem durch die Region des Äthers führt, sollte man über Sadashiva in der folgenden Form meditieren: Als Glück spendend, von der Form des Bindu (Tropfens), als dem Großen Deva, als Form des Äthers, leuchtend wie reiner Kristall, den aufgehenden, zunehmenden Halbmond auf dem Haupte, mit fünffältigem Antlitz, zehn Häuptern und drei Augen, mit befriedigter Miene, mit allen Waffen bewaffnet, mit allen Zierraten geschmückt, die Göttin Uma in der einen Hälfte seines Körpers tragend, bereit, Gunst zu gewähren, als Ursache aller Ursachen . . . . "

Dies alles bestätigt jedoch bis zu einem gewissen Grade unsere Ansicht, daß die Prinzipien, über die zu meditieren man angewiesen wird, in manchen Fällen bloß aus memnotechnischen Gründen auf Teile des Körpers bezogen werden, nicht aber in der Absicht, auf diese Teile selbst einzuwirken.

DIE KNOTEN.

In der Mitte der Herz-Lotos ist ein Trikona oder ein auf der Spitze stehendes Dreieck abgebildet. Dieses kommt aber nicht bei allen Zentren, sondern nur in den Darstellungen des Wurzel-, Herz- und Stirn-Chakras vor. In diesen Zentren befinden sich drei besondere „Granthîs" oder Knoten, welche die Kundalinî auf ihrem Wege zu durchbrechen hat. Zuweilen wird der erste Knoten (im Wurzel-Chakra) der Knoten Brahmas, der zweite (im Herz-Chakra) der Knoten Vischnus und der dritte (im Stirn-Chakra) der Knoten Schivas genannt. Diese Symbolik soll anscheinend die Vorstellung zum Ausdruck bringen, daß die Durchdringung dieser Chakras in gewisser Weise eine besondere Veränderung des Bewußtseinzustandes bedingt, der möglicherweise von der Persönlichkeit zum höheren Selbst und von da zur Monade, somit zu Bereichen erhoben wird, als deren Beherrscher man die genannten Aspekte annehmen kann. Doch kann dies nur in untergeordneter, sekundärer Hinsicht zutreffen, da ja, wie wir gesehen haben, das Herz-Chakra von dem höheren Astralen her beeinflußt wird, das Hals-Zentrum vom Mentalen her u. s. f.

In jedem Dreieck erscheint die Gottheit als Lingam oder Organ der Vereinigung. Der Jîvatma (wörtlich das „lebendige Selbst"), der „wie die Flamme einer Lampe aufwärts weist", ist das Ego, das als stetig brennende Flamme dargestellt wird, weil es unter den Zufälligkeiten und Wechselfällen des stofflichen Lebens nicht so hin und her gerissen wird wie die Persönlichkeit.

DIE SEKUNDÄRE HERZ-LOTOS.

Ein besonderes Merkmal dieses Zentrums ist auch die zweite kleine Lotos, die genau unterhalb des Chakras abgebildet ist. In ihr wird über die Gestalt des Gurus oder über den Aspekt der Gottheit meditiert, der den Gläubigen besonders anzieht oder ihm ausdrücklich angegeben wurde. Hier stellt er sich ein Eiland von Juwelen vor, mit schönen Bäumen und einem Altar für seine Andacht, das in der „Gheranda Samhita" wie folgt beschrieben wird:

> „Lasse ihn (den Yogi, Uebers.) sich in die Vorstellung versenken, daß ein Meer von Nektar in seinem Herzen sei, daß inmitten dieses Meeres ein Eiland aus Edelsteinen liege, dessen Sand aus pulvervisierten Diamanten und Rubinen besteht. Auf allen Seiten stehen Kadamba-Bäume, bedeckt mit süß duftenden Blüten. Diesen Bäumen zunächst befindet sich gleich einem Walle eine Reihe blühender Sträucher wie Mâlati, Mallikâ, Champaka, Jâtî, Kesara, Pârijâta und Padma, deren Duft das ganze Eiland erfüllt. Lasse ihn sich vorstellen, daß inmitten dieses Gartens ein schöner Kalpabaum stehe, mit Blüten und Früchten beladen, dessen vier Äste die vier Veden darstellen. Insekten summen und der Kuckuck ruft. Unter diesem Baume stelle er sich eine prächtige Plattform aus kostbaren Edelsteinen und auf ihr einen reich mit Juwelen verzierten Thron vor, und auf diesem Throne seine besondere Gottheit, wie sie ihm von seinem Guru gewiesen wurde. Lasse ihn dann über die dieser Gottheit eigene Form, über ihre Zierarten und ihren Körper meditieren." [24])

Um dieses Bild in sich erstehen zu lassen, gebraucht der Andächtige seine Vorstellungskraft in so lebendiger Weise, daß er vollkommen in seine Gedanken eingehüllt wird und die Außenwelt gänzlich vergißt. Der Vorgang ist jedoch nicht gänzlich nur in der Einbildung gelegen, denn es ist ein Mittel um fortwährenden Kontakt mit dem Meister zu bekommen. Gleichwie die Bilder, die sich jemand nach seinem Tode in der „Himmelswelt" (Devachan) von anderen Personen macht, durch die Egos dieser Personen mit Leben erfüllt werden, ebenso ergießt der Meister seine wirk-

---

[24]) a. a. O., VI., 2—8. (Nach der englischen Uebersetzung von Sri Chandra Vidyarnava's.)

liche Gegenwart in die von seinem Schüler geschaffene Gedankenform und kann ihm durch diese wirkliche Inspiration und oft auch Belehrungen vermitteln. Ein interessantes Beispiel für diese Tatsache war ein vornehmer Hindu hohen Alters, der in einem Dorfe des Bezirks Madras als Yogi lebte und behauptete, ein Schüler des Meisters Morya zu sein. Als dieser Meister vor etwa fünfundvierzig Jahren Süd-Indien bereiste, besuchte er auch den Ort, wo dieser Mann wohnte, der sein Schüler wurde. Aber auch nach der Abreise verlor er seiner Aussage zufolge niemals die Verbindung mit dem Meister, da dieser häufig ihm durch ein inneres Zentrum zu erscheinen und ihn zu belehren pflegte.

Die Hindus legen großen Nachdruck auf die Notwendigkeit, von einem Guru oder Meister geleitet zu werden, und bringen ihm, wenn sie ihn gefunden haben, tiefste Verehrung entgegen. Auch betonen sie immer wieder, daß er als göttlich angesehen werden muß. So sagt z. B. die „Tejobindu-Upanishad“: „Die äußerste Grenze alles Denkens ist der Guru“. Sie behaupten, daß auch die lebendigste Vorstellung von der Herrlichkeit der Gottheit selber nicht imstande sei, die Vollkommenheiten des Meisters zu erfassen. Diejenigen unter uns, welche die Meister kennen, wissen, daß dies wahr ist. IHRE Schüler begegnen in IHNEN Höhen des Bewußtseins, deren Herrlichkeit und Glorie alle ihre Erwartungen übertreffen. Wohl sehen sie den Meister nicht als der Gottheit gleich an, doch überstrahlt schon der Teil der Gottheit, den der Meister erreicht hat bei weitem alle Vorstellungen, die sie sich früher von ihr gemacht haben.

DIE WIRKUNGEN DER HERZ-MEDITATION.

Die „Shiva Samhita“ beschreibt die wohltätigen Folgen, die dem Yogi durch die Meditation über das Herz-Chakra erwachsen sollen, folgendermaßen:

> „Er gewinnt unermeßliches Wissen, kennt die Vergangenheit, Gegenwart und Zukunft, besitzt die Fähigkeit des Hellhörens und Hellsehens und kann, wann immer er es wünscht, sich freischwebend in der Luft bewegen.
>
> Er sieht die Adepten und die Yogini genannten Göttinnen, er erlangt die Kraft Khecharî und unterwirft sich die Wesenheiten, die im Reiche der Luft heimisch sind.
>
> Er, der täglich über die verborgene Bânalinga meditiert, erlangt mit Sicherheit die psychischen Kräfte Khecharî (die Fähigkeit, sich in die Luft zu erheben) und Bûcharî (das Vermögen, sich augenblicklich an jeden beliebigen Punkt der Welt zu begeben.“ [25])

Ein Kommentar zu dieser poetischen Beschreibung der verschiedenen Kräfte ist wohl überflüssig; jeder Forscher wird ihn zwischen den Zeilen herauslesen. Doch kann auch an der buchstäblichen Bedeutung etwas Wahres sein, gibt es doch viele Wunder in Indien, wie die geheimnisvollen Kräfte der Feuerdurchschreiter und die ganz hypnotische Geschicklichkeit, die einige Beschwörer bei der Ausführung des Seiltricks und ähnlicher Produktionen an den Tag legen.

KUNDALINÎ.

Die Hindu-Yogis, für welche diese bis auf unsere Zeit erhaltenen Werke verfaßt worden waren, bekümmerten sich nicht so sehr um die physiologische und anatomische Beschaffenheit des Körpers; weit mehr befaßten sie sich mit Meditationsübungen und der Erweckung der Kundalinî

[25]) „The Shiva Samhita“ V. 86—88.

zu dem Zwecke, ihr Bewußtsein zu immer höheren Ebenen zu erheben. Dies mag auch der Grund sein, weshalb in den einschlägigen Sanskrit-Werken über die Chakras an der Oberfläche des Ätherkörpers nichts oder nur sehr wenig gesagt wird, von den Zentren im Rückgrat aber und dem Durchgang der Kundalinî durch sie umsomehr die Rede ist.

Kundalinî wird dort als eine wie ein Blitzstrahl leuchtende Göttin beschrieben, die im Wurzel-Chakra, einer Schlange vergleichbar, in dreieinhalb Windungen um das dort befindliche „Swayambhu-Linga" geringelt schlummert und den Zugang zur Suschumnâ mit ihrem Kopfe versperrt. Daß die äußerste Schicht dieser Kraft bereits in allen Menschen tätig ist, wird zwar nirgends ausdrücklich erwähnt, doch kann man eine Andeutung dieser Tatsache in dem Satze finden, daß sie auch schlafend „alle atmenden Geschöpfe belebt" [26]). Sie wird auch der „Shabda Brahman" im menschlichen Körper genannt. Nun bedeutet „Shabda" Wort oder Ton und so finden wir auch hier wieder eine Beziehung zum dritten Aspekt des Logos. Im Laufe der Weltenschöpfung hat sich, so wird gesagt, dieser Ton auf vier Stufen geoffenbart und wir dürften wohl nicht weit fehlgehen, wenn wir diese mit unserer abendländischen Vorstellung von den drei Zuständen des Körpers, der Seele und des Geistes und einem vierten in Verbindung bringen, welcher die Vereinigung mit der Gottheit oder dem Allgeiste ist.

DIE ERWECKUNG DER KUNDALINÎ.

Die Arbeit des Yogi hat zum Ziel, den schlafenden Teil der Kundalinî zu erwecken und sie dann allmählich den Kanal der Sushumnâ aufsteigen zu lassen. Um dies zu erreichen, werden verschiedene Methoden vorgeschrieben wie: die Anwendung der Willenskraft, besondere Atemübungen, Mantras, verschiedene Körperstellungen und -bewegungen u. a. m. Die „Shiva Samhita" beschreibt zehn „Mudras", die sie als die besten für diesen Zweck hinstellt, von denen die meisten sämtliche eben erwähnten Übungen zu gleicher Zeit erfordern. A. Avalon beschreibt das Erwachen der inneren Schichten der Kundalinî in seinem Berichte über die Wirkung einer dieser Methoden folgendermaßen:

> „Die Hitze im Körper wird dann sehr mächtig und Kundalinî verspürt sie und erwacht aus ihrem Schlafe, gleichwie eine Schlange zischt und auffährt, wenn sie durch einen Stoß aufgescheucht wird. Dann tritt sie in Sushumnâ ein." [27])

In manchen Fällen, so wird berichtet, wurde Kundalinî nicht durch eine Willensanstrengung, sondern durch einen Zufall, einen Schlag oder physischen Druck, erweckt. So erzählte mir einer unserer theosophischen Vortragenden, daß ihm auf seiner Reise durch Kanada ein solcher Fall begegnet sei. Eine Dame, die von all diesen Dingen nichts wußte, fiel in ihrem Hause die Kellerstiege hinab; durch einige Zeit lag sie bewußtlos, und als sie erwachte, war sie hellsehend geworden. Sie konnte die Gedanken lesen, die in anderen vorgingen und wahrnehmen, was sich gerade in allen Räumen des Hauses abspielte; diese Hellsichtigkeit blieb dann ihr immerwährender Besitz. Anscheinend erlitt sie bei ihrem Sturze einen Schlag an der Basis des Rückgrates genau

---

[26]) A. Avalon „The Serpent Power", S. 120.

[27]) „The Serpent Power", S. 213.

in der bestimmten Weise und Lage, um Kundalinî in teilweise Tätigkeit zu versetzen, obwohl natürlich auch die Möglichkeit besteht, daß eines der anderen Zentren auf diese Weise künstlich angeregt wurde. —

Zuweilen wird in den alten Sanskrit-Werken die Chakra-Meditation ohne vorangehende Erweckung der Kundalinî empfohlen, wie aus den folgenden Versen des „Garuda Purana" hervorzugehen scheint:

„Mulâdhara, Swadisthana, Manipuraka, Anahatam, Vishuddi und Ajna werden die sechs Chakras genannt [28]).

Man sollte in den Chakras der Reihe nach meditieren über Ganescha, über Vidhi (Brahmâ), über Vischnu, über Shiva, über Jiva, über Guru und über Parabrahman, das Allesdurchdringende.

Nachdem er (der Yogi) in allen Chakras unbeugsamen Gemütes seine Andacht geistig dargebracht hat, sollte er die Ajâpa-Gâyatrî wiederholen, wie sie sein Lehrer ihn gelehrt hat.

Er sollte in der Randhra, der tausendblättrigen nach innen gekehrten Lotos, über den gesegneten Lehrer meditieren innerhalb des Hamsa, dessen Lotushand von Furcht befreit.

Er sollte sich seinen Körper vorstellen, wie er ihn in dem Nektarstrome badet, der von Seinen (des Meisters) Füßen ausgeht, und nachdem er seine Andacht auf die fünffältige Weise verrichtet hat, soll er sich niederwerfen und dabei sein Lob singen.

Dann sollte er über die Kundalinî meditieren, wie sie auf- und abwärts durch die sechs Chakras ihren Weg nimmt, der dreieinhalb Windungen beschreibt.

Dann sollte er über die Stelle meditieren, die Sushumnâ genannt wird und von der Randha ausgeht. So wird er zur höchsten Stufe gelangen, zur Stufe des Vishnu." [29])

DER AUFSTIEG DER KUNDALINÎ.

Darüber, was geschieht, wenn die Kundalinî durch den Kanal der Suschumnâ aufsteigt, sind in den verschiedenen Werken mehr bloße Andeutungen als Erklärungen enthalten. Es wird dort vom Rückgrat als dem „Merudanda", dem „Stab des Meru", der „zentralen Achse der Schöpfung" (wohl der des Körpers) gesprochen. In ihm befinde sich der Sushumnâ genannte Kanal und in diesem ein zweiter, Vajrinî genannt, der in sich noch einen dritten, Chitrinî, enthält, der „so fein ist wie ein Spinnwebfaden". Auf diesem sind die Chakras gleich den Knoten eines Bambusstabes aufgereiht.

Kundalinî steigt allmählich in dem Maße in Chitrinî auf, wie der Yogi seine Willenskraft in der Meditation zur Anwendung bringt. Durch eine einzelne Anstrengung kann sie wohl nicht sehr weit gelangen, doch schon die nächste bringt sie ein wenig weiter. Wenn sie eines der Chakras erreicht hat, durchdringt sie es und die bis dahin nach unten gerichtete „Blume" richtet sich nun aufwärts. Nach Beendigung der Meditation wird die Kundalinî von dem Yogi den gleichen Weg in das Mulâdhara-Chakra zurückgeleitet; in manchen Fällen bringt er sie aber nicht tiefer als bis in das Herz-Chakra hinab, wo sie in dessen sogenannte „Kammer" [30]) eintritt. In einigen Werken wird auch gesagt, daß die Kundalinî im Nabel-Chakra wohne, doch haben wir sie beim Durchschnitts-Menschen noch niemals dort wahrgenommen und so mag dies sich auf solche Menschen beziehen, die das Schlangenfeuer schon früher erweckt und bis in dieses Chakra emporgeleitet hatten, in dem sie eine Kraft-Ablagerung dann aufgespeichert halten.

---

[28]) Siehe Tabelle I dieses Werkes.

[29]) Op. cit. XV. 72, 76, 83—87.

[30]) Siehe „Die Stimme der Stille", I. Fragment.

Wenn die Kundalinî während der oben erwähnten Meditationen im Laufe ihres Emporstieges durch die Chakras hindurchgeht, versetzt sie nach der Darstellung der indischen Werke die psychologischen Funktionen des betreffenden Zentrums in einen Zustand der Latenz (daher der Ausdruck „Laya"). In jedem Chakra, in das sie eintritt, erfolgt zwar damit eine gewaltige Steigerung des Lebens, doch verharrt sie nicht in ihm, sondern steigt, um ihr Ziel, das höchste Zentrum zu erreichen, immer höher, bis sie in das Scheitel-Chakra, die Sahasrara-Blume, eintritt. Dort genießt sie, wie es symbolisch ausgedrückt wird, die Seligkeit der Vereinigung mit ihrem Herrn Paramaschiva; bei der Rückkehr gibt sie dann jedem Chakra seine besonderen Eigenschaften, die sie ihm während ihres Aufstieges entzogen hatte, nun aber bedeutend gesteigert, wieder. —

All dies ist nur die Beschreibung eines Vorganges teilweiser Trance, wie ihn jeder, der tief meditiert, notwendigerweise durchmacht. Denn wenn wir unsere Aufmerksamkeit auf irgend einen erhabenen Gegenstand konzentrieren, hören wir für diese Dauer auf, den verschiedenen Dingen und Lauten, die aus unserer Umgebung auf uns einwirken, Beachtung zu schenken und auf sie zu reagieren. A. Avalon bemerkt, daß vom Beginne des Trainings an im allgemeinen Jahre vergehen, bis es gelingt, die Kundalinî in das Sahasrara-Chakra zu leiten, obwohl dies manchmal auch in Ausnahmefällen kürzere Zeit in Anspruch nimmt. Doch Übung macht den Meister, und so heißt es, daß ein erfahrener Yogi die Schakti im Laufe einer Stunde auf- und absteigen lassen kann, wobei es ihm natürlich vollkommen frei steht, sie im Scheitel-Chakra verharren zu lassen, solange er nur will.

Manche Autoren behaupten, daß während des Aufstieges der Kundalinî die einzelnen Körperteile, die sie durchlaufen hat, erkalten. Dies ist jedoch wohl nur bei besonderen Übungen, durch die ein Yogi sich in einen sehr langen andauernden Trancezustand versetzt, nicht aber dann der Fall, wenn die Kraft in der gewöhnlichen Weise eingesetzt wird. So zitiert Frau Blavatsky in ihrer „Geheimlehre" den Fall eines Yogi, der auf einer Insel bei Kalkutta aufgefunden wurde, um dessen Glieder die Wurzeln eines Baumes gewachsen waren; er wurde herausgeschnitten und bei dem Versuche, ihn zu erwecken, wurde ihm eine so unerhörte Behandlung zuteil, daß er vorher starb. Sie erwähnt auch einen Yogi in der Nähe Allahabads, „der" — aus Gründen, die ihm selbst wohl zweifellos klar waren, — „durch dreiundfünfzig Jahre auf einem Steine saß; seine Chelas (Schüler) badeten ihn jede Nacht im Fluß und setzten ihn dann wieder hin. Tagsüber kehrte sein Bewußtsein manchmal in die physische Welt zurück und dann sprach und lehrte er." [31])

DAS ZIEL DER KUNDALINÎ.

Die Schlußverse des „Shatchakra-Nirûpana" geben eine sehr schöne Beschreibung von dem Ende der Bahn der Kundalinî:

„Die Devi Shuddasattoa (Kundalinî) durchdringt die drei Lingams, und wenn sie alle Lotosblumen erreicht hat, die man die Brahma-Nadî-Lotusse nennt, strahlt sie in ihnen in der ganzen Fülle ihres Glanzes. Da, in ihrem feineren Zustande, strahlend wie der Blitz und fein wie die Faser der Lotos, geht sie ein in den leuchtenden feuergleichen Shiva, in die höchste Seligkeit, und bewirkt mit einem Schlage die Wonne der Befreiung.

Die schöne Kundalinî trinkt den wundervollen roten Nektar, der sich aus Para-Shiva ergießt, dann kehrt sie von dort, wo die ewige und alle Vorstellung übersteigende Seligkeit in all ihrer Glorie erstrahlt, zu-

[31]) „Die Geheimlehre", III., S. 571.

rück auf dem Kulapfade und tritt wieder in Mulâdhara ein. Der Yogi, der Stetigkeit des Gemütes erlangt hat, bringt der Ishta-Devata und den Devatas der sechs Chakras, der Dâkini und den anderen, Opfer (Tarpana) dar mit jenem Strom des göttlichen Nektars, den das Gefäß der Brahmanda enthält, dessen Kenntnis er durch die Überlieferung der Gurus erlangt hat.

Wenn der Yogi, der sich hingegeben hat zu den Lotosfüßen seines Meisters, unerschütterten Herzens und konzentrierten Geistes dieses Werk liest, das die höchste Quelle des Wissens um die Befreiung und fehlerlos, rein und höchst geheim ist, dann tanzt sein Verstand in Wahrheit zu den Füßen seiner Ishta-Devata." [32])

SCHLUSSBETRACHTUNG.

Die Hindus sind gleich uns der Ansicht, daß die Ergebnisse des Laya-Yoga durch die Methoden aller Yoga-Systeme erlangt werden können. In den sieben Schulen Indiens wie unter den abendländischen Forschern streben alle, die richtiges Verständnis besitzen, dem höchsten Ziele menschlicher Bemühung zu, der FREIHEIT, die höher steht als Befreiung, da sie nicht nur in höchsten Bereichen jenseits aller irdischen Offenbarung die Vereinigung mit der Gottheit, sondern auf allen Seinsebenen jene Kräfte mit sich bringt, die den Menschen zu einem „Adhikârî-Puruscha", einem „Würdenträger" oder Arbeiter im Dienste der Gottheit an dem großen Werke macht, die sich plagenden Millionen der Menschheit zu der Glorie und Glückseligkeit emporzuheben, die unser aller harrt. —

OM, AIM, KLÎM, STRÎM.

ओं ऐं क्लीं स्त्रीं

[32]) Op. cit., Vv. 51, 53, 55.